RESPONSABLE COMMERCIAL :
VOTRE KIT TOUT TERRAIN

Éditions d'Organisation
1, rue Thénard
75240 Paris Cedex 05
Consultez notre site :
www.editions-organisation.com
ou écrivez à :
norbert.morales@wanadoo.fr

© Éditions d'Organisation, 2001
ISBN 978-2-708-12628-2

Norbert
MORALES

RESPONSABLE COMMERCIAL :
VOTRE KIT TOUT TERRAIN

Éditions
d'Organisation

Sommaire

Première partie,
Manager les hommes

Deuxième Partie,
Manager l'organisation commerciale

Introduction

Il y a au moins trois choses que ce livre n'est pas.

Il n'est pas un recueil d'outils et de méthodes qu'il suffirait d'appliquer à vos forces commerciales pour qu'elles atteignent d'un seul coup un niveau de productivité que vous n'auriez pas même osé rêver. Des outils et des méthodes, je suis à peu près certain qu'en cherchant un peu, vous en trouverez bien assez chez vous. Prenez-les pour ce qu'ils peuvent vous apporter.

Il ne souhaite pas non plus se situer dans la tradition du livre de mémoires du commercial qui se penche avec complaisance sur ses exploits passés. Ne comptez pas trouver dans *Responsable commercial, votre kit tout terrain* les trucs et astuces qui, appliqués à la lettre, permettraient à vos commerciaux de vendre un peigne à un chauve.

Ce livre n'est toujours pas, dût-il vous décontenancer, truffé de citations de Sun Zi ou de Clausewitz, pour des parallèles saisissants entre l'art de la vente et l'art de la guerre, de vers de poètes élégiaques grecs pour éclairer la mélancolie du vendeur à la veille de la bataille, et encore moins de paragraphes entiers repris d'ouvrages d'honorables confrères sur le même thème.

Ce que ce livre souhaite être et provoquer, pour introduire un terme fort prisé des consultants en stratégie et en management, c'est une *maïeutique* qui aiderait ses lecteurs, qu'ils soient dirigeants d'entreprise, directeurs commerciaux, directeurs des relations humaines, commerciaux, à réfléchir à l'efficacité de leur organisation commerciale. Les consultants en organisation sauront peut-être en tirer aussi quelque profit.

Voilà pour mon ambition affichée.

Mais comme j'ai aussi beaucoup donné dans le métier de « directeur commercial », que j'en ai vécu intensément les joies et les frustrations, que j'ai connu beaucoup de collègues qui me ressemblaient, que j'ai eu parfois le sentiment de faire partie d'une catégorie à part et que personne ne comprenait rien à notre activité,... arrêtons là la complainte... il me faut aussi avouer que mon objectif profond, quand je me suis mis à réfléchir à ce livre, était d'apporter ma contribution à la compréhension par tous les autres acteurs de l'entreprise de ce qu'est réellement un « commercial » et de ce qui l'anime.

Au fur et à mesure j'en ai peu à peu rabattu.
Les dirigeants connaissent certainement mieux leurs commerciaux que je ne l'imagine, les commerciaux ne sont ni les victimes d'une incompréhension universelle, ni les éternels boucs émissaires des entreprises en difficulté. Ils ne sont sans doute pas plus aimables ou admirables que beaucoup d'autres acteurs de l'entreprise. Et puis, essayer de combler le besoin de reconnaissance d'un commercial est une mission désespérée.

Restons-en donc à un objectif raisonnable : je serai comblé si ma modeste contribution d'homme de terrain à une réflexion sur la stratégie commerciale, l'organisation générale des forces de vente, les enjeux et les comportements des acteurs, en prenant prétexte des thèmes clés de la vie d'un service commercial (territoire, rémunération, objectifs, prévisions, motivation), aide le lecteur, sinon à toujours prendre les meilleures décisions dans ces domaines, du moins à éviter celles qui seraient mal perçues, mal appliquées, ou tout bonnement détournées par les forces de vente, sans bénéfice ni pour elles, ni pour l'entreprise. Accessoirement, il se pourrait que la mise en pratique de certaines idées avancées ici vous fasse réaliser quelques substantielles économies.

Tout ce qui touche à l'organisation des forces de vente directes, concerne celles des entreprises qui vendent[1] des services à valeur ajoutée aux grands comptes. Ce qui touche à la relation commerciale, la psychologie des commerciaux, la motivation, la rémunération, les prévisions, le E-Business... peut profiter à toutes sortes d'entreprises. Pour la commodité de la lecture, le livre est conçu en deux grandes parties.

---

1. Je m'efforce d'appeler « chat » un chat. Lorsque l'objectif est de vendre, je préfère dire clairement « vendre », et non pas « offrir » (terme ô combien inapproprié), ou « proposer ». Vendre ne me paraît pas une activité honteuse.

La première est plutôt consacrée à l'efficacité individuelle. Elle aborde la psychologie du commercial, ses réactions face à ses objectifs, à sa rémunération, à son territoire ; j'évoque aussi quelques expériences de recrutement.

La seconde traite de l'efficacité de l'organisation ; utiliser au mieux les ressources, s'adapter et tirer parti du terrain, créer une dynamique d'entreprise.

Une interrogation sur le futur des forces commerciales directes, dans un monde où on nous prédit une révolution sans précédent par le E-Business, sert de trame à la conclusion.

Pour faciliter sa lecture, le lecteur trouvera en fin de chapitre un résumé des thèmes abordés et des recommandations.

Bien évidemment, si votre entreprise croule sous les commandes, si vous n'arrivez pas à satisfaire une demande spontanée qui augmente plus vite que votre capacité à produire (malgré des investissements énormes mais autofinancés), et si les meilleurs augures ne vous prédisent aucun risque de retournement de conjoncture à échéance prévisible, ne vous donnez pas la peine de lire ce livre.

**Ce livre est écrit pour les entreprises
qui ont besoin d'aller chercher leurs clients.**

Quelques précisions, avant d'entrer dans le vif du sujet

J'applique indifféremment dans ce livre le terme de « commercial » à toute la hiérarchie commerciale, depuis le junior qui a subi sans trop de dégât le baptême du feu, jusqu'au directeur commercial lui-même, à condition qu'il puisse se prévaloir d'un passé commercial concret, ce qui est loin d'être toujours le cas en France.

Quand le directeur commercial est par exemple polytechnicien ou centralien[2] – curieusement, on trouve très peu de HEC[3] dans le métier – nous le situerons dans l'entreprise plutôt du côté de la Direction Générale.

Le commercial est entendu comme celui qui est directement responsable d'objectifs personnels de chiffre d'affaires. Il prend des commandes auprès de clients qu'il sollicite.

Lorsque j'utilise le terme de « Commerciaux », j'inclus les femmes commerciales. Il est vrai que j'ai recruté très peu de femmes commerciales, par manque de candidatures, et que je n'en ai pas beaucoup rencontré dans mon métier. Mais celles que j'ai côtoyées étaient professionnellement redoutables.

Lorsque je parle de « produits », c'est la plupart du temps au sens générique du terme. Un matériel, un logiciel, un service, une solution… sont des produits lorsqu'ils constituent l'offre facturable de l'entreprise.

Issu moi-même de la vente de High Tech et du Conseil, il m'a semblé plus profitable de citer des exemples de mon domaine plutôt que de m'aventurer à vous reporter des connaissances médiatiques que je risque de mal interpréter.

---

2. Je fais probablement le complexe des grandes écoles.
3. Les HEC (Hautes Études Commerciales) se retrouvent plutôt dans la finance et l'expertise comptable.

Première partie

Manager les hommes

Chapitre 1

Quelques petites choses qu'il n'est pas inutile de savoir sur le commercial

Le métier des commerciaux est difficile, probablement encore plus pénible, nerveusement, que la plupart des gens ne l'imaginent, mais je ne connais pas d'authentiques commerciaux qui envisageraient un seul instant de changer de métier si on leur en offrait l'opportunité.

Le commercial n'est pas celui que l'on croit

Commençons par faire œuvre de salubrité publique, en balayant l'idée reçue, tellement ancrée encore aujourd'hui, du commercial, ce bon vivant qui passe plus de temps à se prélasser à la terrasse des cafés et dans les bons restaurants qu'à visiter des clients. Ce fut probablement vrai dans des temps très, très anciens.

> Mais c'était à l'époque bénie des VRP[4], quand le « représentant » faisait sa tournée, sans prendre de rendez-vous préalable – n'oubliez pas que ses clients n'avaient pas toujours le téléphone et ne répondaient généralement pas à la carte postale qu'il ne manquait pas de leur envoyer de ses vacances d'été au camping d'Antibes, pour leur signaler son passage –. Le VRP devait donc parfois attendre à la terrasse d'un café (quand il faisait beau, sinon, il attendait à l'intérieur, dans la fumée des cigarettes et l'odeur de vin rouge, ce qui n'est pas si idyllique qu'on veut le faire croire) que son client se rende disponible.

Aujourd'hui, le commercial est un cadre bien aussi stressé et pressé que les autres cadres, si ce n'est plus. Quand il n'est pas en rendez-vous chez le client (il l'est de moins en moins, tous les directeurs commerciaux le déploreront devant vous, si vous abordez le sujet), c'est

---

4. Qui se souvient encore de ce que le sigle VRP signifie? Voyageur, représentant, placier.

qu'il est à son bureau, dans sa voiture, ou même dans la rue, pendu à son téléphone portable – le portable a fini de tuer le mythe de la liberté du commercial –. Il est en pourparlers avec des secrétaires qui ne veulent pas lui passer leur patron, avec des clients mécontents de toutes sortes de choses, y compris de celles pour lesquelles il ne peut absolument rien mais doit tout de même donner à son client le sentiment de prendre son problème à bras le corps. Il est en discussion avec ses services logistiques qui n'ont pas livré le produit conformément à la planification, laissant trois techniciens les bras croisés chez le client, ou encore avec un « commercial » du support interne qui s'est permis d'envoyer sans accord un devis d'assistance d'un montant exorbitant au client qui s'en plaint bien entendu à son commercial (le vrai, pas le pseudo commercial du support interne). Etc.

S'il n'est pas en train de téléphoner, vous ne trouverez pas pour autant le commercial près de la machine à café (à défaut du bistrot du coin, espèce de plus en plus rare dans les zones d'activité qui accueillent aujourd'hui les entreprises). Il n'a pas le temps !
Il est probablement au clavier de son maudit PC, à rédiger sa note de frais, son courrier, ses rapports de visite, ses prévisions, le tout agrémenté de tas de codes et de manipulations qu'on dirait inventées pour un mille-pattes...
Les temps où les secrétaires se chargeaient de toute cette paperasserie administrative sont bel et bien révolus – aujourd'hui, un bon commercial doit avant tout être un expert en bureautique.

Le reste de son temps de travail, le commercial le passe dans des réunions. Car, contrairement à ce qu'on pourrait croire, ce qu'on exige avant tout d'un commercial, ce n'est pas la relation-client, mais d'arriver à l'heure aux sacro-saintes réunions qu'on lui inflige du lundi matin de bonne heure au vendredi soir tard (sans doute pour être certain qu'il ne partira pas en week-end le vendredi en milieu d'après-midi, et qu'il ne rentrera pas de ce même week-end le lundi en fin de matinée !). Les autres tâches, dont nous avons parlé plus haut, c'est seulement entre deux réunions qu'on lui laisse le temps de s'y consacrer.

Et pendant que ses collègues des autres services peuvent prendre le temps de lire le journal ou de surfer sur le Web, aux heures où il est bien vu d'être remarqué au bureau, entre 8 h 00 et 9 heures le matin, de 18 h 30 à 20 heures le soir, le commercial, ce prétendu fainéant, passe fébrilement des coups de fil pour avoir les meilleures chances de joindre directement ses prospects quand il y a un tout petit espoir de les trouver à leur bureau, et avant que leur secrétaire ne lui en interdise l'accès, ou après qu'elles soient parties.

Obtenir un rendez-vous ne va pas de soi

Ceux qui en ont vécu l'expérience le savent : il n'y a aucune commune mesure entre se rendre es qualité de PDG à un rendez-vous client préparé dans ses moindres détails par un commercial (quel plaisir, soit dit en passant, de le coller chemin faisant sur un événement récent touchant l'entreprise que vous visitez et qu'un collaborateur perfide vous aura glissé à l'oreille, « je connais mieux votre client que vous, hein ! ») et devoir obtenir soi-même un rendez-vous chez un prospect qui ne connaît pas votre entreprise, reçoit trente sollicitations par jour de commerciaux tous plus acharnés les uns que les autres, qui ne reculent devant aucune ruse de Sioux pour le joindre, le harcèlent au téléphone (comment ont-ils pu se procurer sa ligne directe, alors qu'il ne la confie qu'à ses proches ?) dès son arrivée au bureau tôt le matin, avant que les secrétaires ne fassent barrage, et jusque tard le soir, après que les secrétaires soient parties et qu'il ait repris sa ligne… (voir plus haut)

S'il était besoin de confirmation de la difficulté de prospecter, pour l'immense majorité de ceux qui se sont essayés au commercial et qui ont jeté l'éponge, la raison avouée de leur abandon, c'est qu'ils ne supportaient plus d'avoir à pister au téléphone leur prospect, d'avoir à rappeler des dizaines de fois avant de le joindre, ou d'abandonner, en désespoir de cause.
« Il n'est pas là pour l'instant. Rappelez dans 1 heure » – 1 heure après… *« il vient de partir, vous n'avez pas de chance., rappelez tôt demain matin – tôt ? - oui, avant 9 heures… »* Le lendemain, 8 h 30. Le téléphone sonne dans le vide. 8 h 45, on recommence. C'est la secrétaire qui décroche… *« monsieur x vient d'entrer en réunion…*

et, ensuite, je ne pense pas que vous puissiez le joindre, il part direc-tement en province, et ne sera de retour que vendredi... »

« Non, vendredi, il n'a pas de réunion prévue à son planning, il sera donc à son bureau et il pourra vous prendre. Mais ne l'appelez pas trop tôt, pas avant 10 heures, il aura son courrier à consulter. »

Et, le vendredi, *« ah, oui, c'est vous qui essayez de le joindre depuis une semaine, je suis désolée, il vient de monter à la Direction Générale, je ne saurais pas vous dire pour combien de temps il en a... Oui, il est très occupé, peut-être feriez-vous mieux de lui adresser un courrier pour lui expliquer ce que vous faites, et il jugera de l'oppor-tunité de vous recevoir... »*

Ou alors, *« laissez-moi votre numéro de téléphone, il vous rappellera (vous pouvez toujours attendre !) »*.

Quand, enfin, vous arrivez à joindre votre prospect, après mille ruses, sourires et cajoleries, c'est parfois pour vous entendre dire que ce n'est plus lui qui est chargé des responsabilités pour lesquel-les vous l'appelez, qu'il y a eu une réorganisation, qu'effectivement il s'en occupait naguère, mais que son remplaçant n'est pas encore nommé, et qu'il vaudrait mieux rappeler dans quelque temps !

Avant de prendre son téléphone pour prospecter, il vaut mieux déposer son Ego au vestiaire.

La visite de prospection : du quitte ou double

Le commercial a rarement le droit à l'erreur dans son face à face client, mais, s'il est un rendez-vous où rien ne lui sera pardonné, c'est sa première visite, dite de prospection. Nous y reviendrons.

Aussi, non content d'avoir à mettre toutes les chances de son côté en se présentant en pleine forme physique et mentale, bien habillé, bien réveillé, bien rasé et bien peigné (ni agressif, ni fade), le com-mercial doit aussi intégrer dans sa démarche les heures de face à face client les plus propices à son dessein, celles où il a le plus de chances de trouver un interlocuteur **disponible, attentif et bien-veillant** – ce qui s'avère très délicat quand vous ne connaissez pas votre prospect. Chaque prospect est différent des autres, c'est ce qui fait le charme du métier, il faut donc se renseigner, soit auprès de copains qui le connaissent, soit en interrogeant habilement sa secré-taire, ou en se débrouillant autrement. Quoi qu'il en soit, si ça se passe mal, le commercial ne pourra s'en prendre qu'à lui-même, c'est qu'il aura été mauvais. Le commercial qui rate un rendez-vous de prospection sait que son interlocuteur ne lui donnera pas une seconde chance.

Heureusement que l'on peut compter sur des comportements prévisibles. Je vous en livre quelques-uns.

Il est indispensable, par exemple, que le client aussi soit bien réveillé – éviter par principe, donc, les heures d'après repas. Les cadres « assis », une fois arrivés à maturité, ont une tendance légitime à la somnolence digestive.

Il faut aussi qu'il soit suffisamment disponible – lui laisser le temps le matin d'avoir parcouru son courrier et fait le tour de son service –. Si l'on « prend » le client à son arrivée au bureau, on peut parier qu'il va être dérangé par ses collaborateurs, pour mille raisons toutes plus justifiées les unes que les autres, et qu'il lui faudra sans doute une ou deux fois quitter l'entretien pour traiter un problème urgent. Il peut arriver cependant que vous tombiez sur un client très matinal, qui n'hésitera pas à vous donner rendez-vous aux aurores, sous prétexte que vous serez tranquille ! Il faudra quand même vous arranger pour arriver frais et dispos. Le commercial doit être du matin pour les clients matinaux, et du soir pour les clients vespéraux.

Le client doit être attentif aux propos que vous allez lui tenir – évitez de prendre rendez-vous juste avant ou juste après ses vacances, tout ce qui lui aura été dit se perdra dans le bleu des îles –, n'acceptez pas de le rencontrer trop tard le soir, il y a des chances pour que, pendant votre entretien, il ne pense qu'à tout ce qui lui reste encore à faire après votre départ, avant de pouvoir enfin rentrer chez lui. (La contradiction avec les clients vespéraux du paragraphe précédent n'est qu'apparente).

Encore plus lourd de conséquences néfastes, ne jamais « prendre » votre prospect avant une réunion où il planche sur un sujet épineux et risqué pour lui, du type *« certes, je dépasse mon budget de 25 % et j'aurai 4 mois de retard sur mon planning, mais je vais vous expliquer pourquoi, ne vous en faites pas, l'entreprise y gagne, je contrôle parfaitement la situation... »*

Ou encore, après une réunion en principe sans enjeu, pendant laquelle, alors qu'il ne s'y attendait absolument pas, et sur une remarque anodine de son pourtant sympathique collègue le directeur financier, il s'est fait « remonter les bretelles » par le directeur général, devant tout le monde, y compris un de ses propres collaborateurs venu présenter un sujet qui aurait dû être de routine.

Dans les deux cas, à l'issue de l'entretien, votre prospect n'aura, au mieux, qu'un vague souvenir de vous, ou, pis encore, vous serez définitivement pour lui l'importun qui est venu le déranger quand il n'aurait pas fallu, quel manque de tact, c'est tout juste si ce ne sera pas à cause de vous que la réunion aura tourné à sa confusion...

La fenêtre de prospection n'est pas large

Si vous voulez bien retrancher les diverses contraintes sus décrites du temps de travail, et prendre en compte le fait que vos clients sont au moins autant pris par des déplacements et des réunions que vous-même, vous en conclurez que les clients ont somme toute très peu de temps efficace à consacrer à leurs fournisseurs, qui eux-mêmes ne disposent pas d'un temps aussi important que l'on croirait pour leur rendre visite.

Concrètement, faire tenir à vos commerciaux, dans un environnement grands comptes, pendant toute l'année, une cadence ne serait-ce que d'une visite de prospection digne de ce nom par jour, auprès d'interlocuteurs d'un bon niveau de décision, relève de la chimère (il ne faut tout de même pas leur dire que vous êtes conscient de la difficulté, sinon ils en feraient encore moins)!

Le commercial a besoin d'encouragements

Il me paraît essentiel de prendre en compte une différence fondamentale entre les dirigeants commerciaux et les commerciaux. Tous deux subissent une énorme pression, peut-être de même nature. La pression sur le dirigeant est sans doute plus forte.

Mais la plupart des dirigeants la subissent beaucoup moins. Un dirigeant est « construit » pour se motiver tout seul, et il trouve dans la valorisation de son Ego de nombreuses compensations au stress de sa fonction.

Pas le commercial. Lui ni ne compense, ni ne relâche. Quand bien même il vient de conclure une très belle affaire, les clients, l'administration interne, le support, la logistique, la secrétaire d'un prospect qui l'envoie au bain… sont là pour le ramener sur le champ à la dure réalité des rapports de force. Le commercial, sauf l'autorité somme toute limitée de l'encadrant sur ses équipes, n'a aucun pouvoir hiérarchique dans l'entreprise. Il doit en permanence négocier et composer avec des services qui ne lui sont pas rattachés.

Pour qu'il continue d'avancer alors que la pression devient trop forte, il faut donc à la fois lui permettre de décompresser de temps en temps, et le pousser régulièrement « au cul », (pardonnez la trivialité de mes propos, mais c'est la meilleure représentation qui me vienne à l'esprit) et ce n'est pas facile à concilier.

Reprenons quelques-unes des dures réalités auxquelles le commercial doit faire face :

Prendre tous les jours des rendez-vous

Chaque jour ouvrable que Dieu fait, le commercial doit se lever suffisamment tôt pour se préparer, quelque envie qu'il en ait, à ce que sa voix soit claire et raisonnablement enjouée dès son premier coup de fil de prospection. Une voix ensommeillée s'entend très bien à l'autre bout du fil, et ce n'est pas bon pour obtenir le rendez-vous que vous appelez d'autant plus de vos vœux que votre agenda est désespérément vide de nouveaux noms de contacts, et que vos perspectives paraissent aussi anorexiques qu'un Top Modèle.

L'obligation d'un « reporting »[5] journalier, hebdomadaire, mensuel

Sauf quand il a « Très Bien » dans toutes les cases, ce qui se produit rarement dans sa vie professionnelle, le commercial a horreur de remplir ses rapports d'activité !

On peut le comprendre. C'est que, tout bien pesé, quand il remplit

---

5. Vous me permettrez de conserver le mot anglais, qui nous fait gagner du temps par rapport à l'équivalent français de « rapport d'activité », et dont le contenu est plus vaste.

son rapport, il a conscience de se tendre à lui-même des verges pour se faire fouetter. Reporter, c'est se mettre à nu, devant des juges à priori d'autant moins enclins à l'indulgence, quand les affaires ne vont pas aussi bien que souhaité, qu'ils ne maîtrisent pas eux-mêmes le processus commercial et qu'ils s'estiment trop dépendants de la bonne volonté du commercial[6]... Sans compter qu'un rapport d'activité reflète assez mal la réalité du travail – ou d'ailleurs du manque de travail.

Voici, dans l'ordre, la trilogie de ce que le commercial s'expose à se voir reprocher à l'occasion de la séance de reporting, sans réelle recherche d'objectivité de la part de ses chefs :
– une prospection jugée systématiquement insuffisante, par conséquent des prévisions trop basses, et évidemment des résultats mauvais,
– une mauvaise appréhension des besoins du client et de l'environnement concurrentiel, cela va de pair,
– et enfin, jugement qualitatif et définitif, le *niveau insuffisant des contacts.*

Nous tenons l'explication suprême, celle qui va le culpabiliser !
« *Comment voulez-vous vendre ? Non seulement vous ne voyez pas assez de clients, vous faites des propositions hors sujet, et en plus vos interlocuteurs ne sont pas ceux qui décident ? Cela tombe sous le sens, si vous n'avez pas de contact au niveau des décideurs, vous ne saurez jamais ce qu'ils veulent vraiment, et vous laissez le champ libre à vos concurrents. Il faut monter plus haut ! Bien entendu, vous avez tout le support du Comité de Direction, quand vous voulez, où vous voulez, les contacts à haut niveau, c'est la priorité des priorités* ».

Et, quand le commercial prend sa hiérarchie au mot et la sollicite, voilà la réponse du PDG :
« *J'ai bien compris, vous voudriez que j'appelle le PDG de chez Plumeau. Bon, je suis d'accord, mais qu'est-ce que je lui dis ? Je ne vois rien dans votre proposition qui donne envie de nous prendre ! Si je l'appelle, je vais griller mes cartouches. Non, il faut tout reprendre*

---

6. En analyse stratégique de l'entreprise, les sociologues diraient que le commercial maîtrise une zone d'incertitude trop importante, et que la préoccupation des dirigeants est d'essayer d'en réduire la dimension par tous les moyens possibles, y compris les plus contraignants.

à zéro avec eux, leur envoyer Machin (l'homme providentiel du moment, personnage courant dans les entreprises, celui qui s'est construit lui-même et sans raison toujours apparente la réputation de comprendre les besoins des clients), pour qu'il se fasse préciser ce qu'ils veulent exactement, et monter une proposition plus solide, alors, là, oui, j'interviendrai, et ça servira enfin à quelque chose ! »

L'échec, pain quotidien du commercial

Ça n'est évident pour personne, de se relancer après un échec, pourtant c'est le pain quotidien du commercial.

Qu'ils soient intrinsèquement les meilleurs, ceux qui laissent à la postérité dans leur biographie leurs trucs imparables pour subjuguer les ménagères, qu'ils représentent la meilleure marque, les meilleurs produits, le meilleur service, le meilleur rapport qualité/prix… tous les commerciaux, y compris ceux qui bénéficient par leur talent ou par la notoriété de leur entreprise d'un avantage concurrentiel énorme, perdent tout de même beaucoup plus d'affaires qu'ils n'en gagnent.

Et encore, un commercial en pleine réussite dispose de quelques moyens pour escamoter ses échecs, ou pour éviter d'en subir, par exemple en ne laissant émerger de ses rapports d'activité que les affaires « sûres », celles qui ne peuvent lui échapper ou, encore plus certaines, celles qu'il a déjà en poche.

Mais imaginez les affres de tous les autres, les seulement bons, les normalement moyens, les quelconques, ceux qui traversent une mauvaise passe, ceux qui ont à vendre des produits banals d'une marque sans leadership… dès lors que vous savez que ***moins un commercial obtient de résultats, plus il aura tendance,*** par instinct de survie plus que par raisonnement, ***à gonfler son portefeuille d'affaires insuffisamment qualifiées,*** donc à s'exposer à révéler au grand jour encore plus d'échecs, et s'enfoncer un peu plus.
Au passage, vous mesurerez le travail de bénédictin qui est demandé à l'encadrement commercial pour faire repartir du bon pied un com-

mercial en manque de réussite. Et tous, même les meilleurs, se trouvent un jour ou l'autre confrontés à la spirale de l'échec.

Une mécanique cyclique

Le commercial fonctionne par cycle. Sa vie est donc rythmée par une alternance d'activité débridée et de semi-sommeil, de moments d'euphorie intense et de périodes de profonde déprime.

Quand ça s'est bien passé pour lui, il aura besoin de relâcher[7], il sera envahi par une envie irrépressible de lever le pied et de se laisser vivre... ne serait-ce que pour ne pas se retrouver, l'année suivante, récompensé par des objectifs inaccessibles – le système est bien connu des professionnels, l'objectif d'une année « x » est soit le résultat de l'année x-1 + un pourcentage conséquent d'augmentation si le résultat de l'année x-1 a été supérieur à l'objectif de l'année x-1, soit l'objectif de l'année x-1 + un pourcentage conséquent si le résultat de l'année x-1 a été inférieur à l'objectif de l'année x-1[8].

Quand ça va mal pour lui et qu'il devient évident pour tout le monde qu'il ne tiendra pas ses objectifs, – très important, que ce soit évident pour tout le monde, tant qu'il est seul à entrevoir qu'il va se « planter »[9], ça ne l'émeut pas trop – nous sommes déjà en juin, les vacances approchent. Nous verrons à la rentrée-.
À la rentrée, il faut se rendre à l'évidence : il reste trop peu de temps pour redresser la situation. Conclusion, l'année est fichue.
Quitte, pensera-t-il, à ne pas réaliser l'objectif et à ne pas toucher de commissions, autant laisser filer l'année en cours et préparer l'année prochaine, en montrant le minimum d'activité pour ne pas se faire licencier. Pour cela, une recette aussi vieille que le commerce mais qui marche encore, malgré tous les logiciels de contrôle à la disposition des managers, c'est d'annoncer beaucoup de perspectives à moyen terme, dans l'idéal, à échéance février/mars de l'année suivante. Devant de telles promesses de résultat, votre patron n'osera pas se séparer de vous tout de suite (même si on lui a déjà fait le coup des dizaines de fois, il veut encore rêver). Nous sommes fin

---

7. La remarque n'est pas incompatible avec le paragraphe sur le stress du commercial
8. L'équation est un peu complexe. La réalité est plus simple : vous aviez 10 MF à réaliser. Vous avez réalisé 12 MF. Votre objectif de l'année suivante sera de 12 MF + 20 % = 14,40 MF. Si vous avez réalisé 8 MF seulement, votre nouvel objectif sera 10 MF + 20 % = 12 MF (et non pas 8 + 20 %)
9. En jargon commercial, finir loin de ses objectifs.

septembre, avec un peu de chance, il est possible de tenir jusqu'à meilleure fortune.

Devant ces deux situations qui ne sont pas rares, un directeur commercial a bien du mal à faire coïncider les intérêts de l'entreprise (toujours +) et ceux de chacun des commerciaux (des objectifs pas trop difficiles à atteindre).

Pas particulièrement vénal (pas plus que n'importe qui)

Je n'irai pas jusqu'à soutenir que le commercial n'est pas motivé par l'argent qu'il espère gagner. Mais de là à en faire son objectif principal, voire son seul objectif, de penser qu'il a choisi cette carrière d'abord parce qu'il va gagner plus que dans un autre métier, conduit à des erreurs d'appréciation, qui interdisent de tirer le meilleur parti du réseau commercial.

Le commercial, comme tout le monde, mais encore plus que tout le monde, parce qu'il est plus exposé, et donc plus vulnérable, recherche avant tout de la considération.

Ce qu'il attend, c'est qu'on manifeste de la compréhension pour le métier qu'il fait, qu'on en reconnaisse la difficulté particulière, qu'on lui dise combien son activité est essentielle à l'entreprise, qu'on passe un peu de temps avec lui pour parler de tout et de rien, qu'on le traite avec équité, qu'on le flatte aussi. Ne perdez pas de vue que tout le baume que vous lui mettrez au cœur ne compensera jamais les mauvais coups que son Ego prend quotidiennement. Et l'argent, ni plus ni moins que d'autres critères, participe à la reconnaissance.

Un homme tranquille

Le commercial qui dure dans ce métier est un homme ou une femme qui bénéficie d'une vie saine et équilibrée, d'une vie affective sans trop de problème; des enfants, s'il en a, qu'il ne faut pas aller récupérer deux fois par mois au commissariat de police, pas trop de décès dans la famille... Les coureurs de jupon, les noceurs, les malchanceux, pour qui tout va toujours de travers, les mauvais coucheurs, qui sortent d'un litige avec leur garagiste pour s'engouffrer dans une dispute avec l'installateur de leur cuisine, les procéduriers, en conflit perpétuel avec leur propriétaire, leur locataire ou leur voisin... ça ne résiste pas!

> ## *L'essentiel, pour moi... et peut-être pour vous aussi*

Soyons réaliste sans être cynique : mieux on connaît ses commerciaux, plus efficaces seront les mesures de management et d'organisation les concernant.

1 – L'activité principale du commercial étant de développer la clientèle, c'est-à-dire, en termes techniques et dans l'ordre, la *prospection* et le *pilotage des cycles de vente, l'entreprise ne doit fournir au commercial aucun prétexte pour qu'il n'assume pas sa responsabilité première.*

– Ne pas polluer ses fenêtres de prospection, dont on sait qu'elles sont étroites, et que ce n'est pas l'activité favorite du commercial, par des réunions planifiées à des moments inopportuns ou des tâches administratives « de confort » (pour le confort de la hiérarchie, mais sans apport réel pour l'entreprise – faites-en l'inventaire, il y en a certainement).
– Lui laisser des temps de réflexion et de documentation, pour qu'il puisse prendre du recul par rapport à son business, et pour qu'il soit plus performant dans ses contacts.

2 – Le commercial serait un salarié comme les autres, si son destin n'était pas de *perdre* beaucoup plus d'affaires qu'il n'en gagne.
– Pour qu'il n'entre pas dans la spirale de l'échec, toujours menaçante, le manager doit créer les conditions de sa motivation, (ce que nous allons développer tout au long de cet ouvrage), mais sans jamais lui permettre de s'apitoyer sur son sort.
– Le principe de la carotte et du bâton est plus que jamais *la* solution.

Côté bâton, le manager doit « recadrer » son commercial dès que celui-ci montre des signes de relâchement dans sa prospection ou son reporting. Lorsqu'une affaire est perdue, il doit clairement lui faire toucher du doigt, même si cela fait mal, où il a failli dans son approche. Surtout, ne jamais le *plaindre,* ou invoquer la *malchance* (ça porte malheur). Une affaire perdue l'est toujours de la faute du commercial, ne serait-ce que parce qu'il n'aurait jamais dû la qualifier.

...

...

Côté carotte, le manager doit lui faire comprendre régulièrement qu'il lui maintient sa confiance, pour autant qu'elle est réelle, en ne restant jamais sur une note négative après une affaire perdue, en mettant chaque fois que possible en avant ses réussites, en entretenant avec lui un dialogue permanent, et en n'hésitant pas à manifester sa satisfaction chaque fois qu'il y a matière.

Responsabiliser sans culpabiliser, encourager sans excuser.

3 – Le manager sera bien inspiré, dans sa recherche de la relation optimale avec ses commerciaux, de revenir systématiquement à l'idée que *le commercial est le représentant de l'Entreprise auprès des clients,* et, qu'à ce titre, *il aspire à être proche de sa Direction Générale.*
Cette ligne directrice le guidera dans ses décisions de communication ou de motivation vers ses forces commerciales, dans ses exigences vis-à-vis d'elles, notamment en ce qui concerne la remontée d'informations ou leur comportement en général, et enfin dans son attitude.
Les organisations commerciales performantes sont celles dont les dirigeants sont proches.

Chapitre 2

La définition du package commercial

Il peut paraître paradoxal, qu'après avoir affirmé dans le chapitre précédent que la rémunération n'était pas le moteur essentiel qui faisait avancer le commercial, j'attaque bille en tête le sujet. Ce n'est pas contradictoire. « Dis-moi comment ton entreprise paie ses commerciaux, je te dirai qui elle est ».

Chaque année, quelques jours avant Noël dans les entreprises sereines et bien managées, dont les objectifs ne sont plus à atteindre, ou en janvier dans la plupart des autres, et parfois plus tard encore dans les entreprises très mal organisées, la lumière reste allumée tard dans les bureaux de la DRH[10] et des responsables commerciaux : tout ce monde prépare le « package commercial » qui sera distribué au « kick off[11] » de rentrée.

Toutes les parties prenantes, managers et commerciaux, savent que c'est un très mauvais moment à passer, surtout quand l'entreprise n'a pas particulièrement brillé au cours de l'année écoulée, et qu'il va falloir prendre des mesures particulièrement désagréables pour les commerciaux, rare population de l'entreprise dont on peut rogner la rémunération par le biais d'un aménagement du variable, des objectifs ou du territoire, sans trop risquer de se retrouver assigné aux Prud'hommes pour modification unilatérale du contrat de travail !

Disons-le tout net : l'établissement du package annuel du commercial, c'est aujourd'hui (mais cela n'a pas toujours été le cas) l'essence même de la fonction du directeur commercial et c'est très impliquant pour la direction générale. Il est à la fois la base de la ***relation de***

---

10. Direction des Relations Humaines. L'écrire en entier serait trop long.
11. Coup d'envoi. Dans les réseaux commerciaux high tech, on aime bien les kick off !

confiance, indispensable, entre le commercial et son encadrement, et le révélateur le plus manifeste de la *stratégie effective* de l'entreprise, dont on constate que la réalité ne correspond pas toujours à ce qui est affiché et claironné.

C'est pourquoi nous allons passer beaucoup de temps à développer ce sujet délicat.

Un bon package *devrait* combiner des *objectifs clairs et réalistes,* qui expriment la stratégie de l'entreprise, à un *territoire équitable,* qui permette à chaque commercial d'exprimer au mieux son potentiel, et à une *rémunération juste* qui reflèterait la qualité et la dynamique des rapports sociaux dans l'entreprise.

Pour autant, et malgré tous les efforts de réflexion, les séminaires consacrés au sujet, les aménagements ou les bouleversements annuels ou semestriels des organisations commerciales, les bons packages commerciaux, ceux qui font l'unanimité des vendeurs et des managers, qui résistent à l'épreuve du temps, ça n'existe pas, ça ne peut pas exister.

Dans ce chapitre nous abordons les questions de la rémunération et des objectifs, tandis que celle du territoire sera traitée dans le chapitre suivant.

Évolution contemporaine du métier

Tenez, pour éclairer le sujet, je vous propose un très court rappel historique sur l'évolution du commerce contemporain, disons depuis l'après Deuxième Guerre mondiale à nos jours.

De la fin de la guerre à la fin des années 70, le problème, pour les industriels, n'était pas de trouver des débouchés à leur production (je vois de jeunes dirigeants qui ouvrent de grands yeux étonnés!), le problème était de trouver les machines, les matières premières, et les hommes pour produire!

Le consommateur, lui, dans les années 50/60, ce n'étaient pas Internet, les PC, le multimédia et les vacances aux Antilles qui l'agitaient, c'était tout bonnement de satisfaire des besoins aussi « élémentaires » que se nourrir, le frigo et la cuisinière, se vêtir en confection, trouver à se loger dans une HLM où il y aurait douche ou mieux, le rêve de madame, la baignoire, les Water Closets privés (et pas communs à l'étage), et le chauffage central au fuel. Pour l'apparition dans les foyers populaires de la télé et du tourne-disques Teppaz, les années 60 seraient déjà bien engagées. Quant à l'automobile pour tous, c'est encore plus près de nous.

Le commercial de l'époque, le VRP, puisque c'est de lui que l'on parle, qu'avait-il à faire?
Essentiellement apporter la civilisation, au volant de sa Traction Avant, dans les contrées les plus reculées de la France profonde.
Son boulot, c'était en gros d'expliquer à un commerçant, trop heureux de bénéficier de sa visite, qu'il pouvait s'arranger pour procurer au dit commerçant, et par un passe droit spécial, une quantité limitée de produits de la marque Machin que ses clients allaient sans l'ombre d'une hésitation s'arracher, et qu'il fallait que le dit commerçant se dépêche de commander s'il voulait garder une chance d'en obtenir un petit stock.
Les produits, même destinés aux professionnels et aux entreprises, étaient relativement simples, les modèles et versions évoluaient d'autant moins vite que les délais de fabrication et de livraison étaient longs, faute de capacité d'investissement supplémentaire et donc d'outils de production. Les prix, eux, augmentaient bon an mal an de plusieurs points. Résultat, pour être servi, et payer le moins cher possible, il valait mieux acheter tout de suite qu'attendre.

La concurrence internationale était balbutiante, chacun ayant suffisamment à faire chez soi et les transports n'étant pas aussi développés. Les industriels se partageaient gentiment le gâteau, chacun prenant la part qu'il pouvait avaler.

C'était donc facile – oui, je sais, probablement pas aussi facile que je semble le dire, mais, à côté d'aujourd'hui, je crois que oui, quand même, c'était plus facile.

Le commercial donc, généralement VRP multicartes, visitait tout seul et au gré de sa fantaisie les clients qu'il voulait, où il voulait, quand il voulait, sans objectif, sans territoire défini. Il était rémunéré par un pourcentage sur le chiffre d'affaires réalisé. Les prix, fixés par l'entreprise, n'étaient pas négociables au-delà des escomptes pour paiement comptant à réception de facture, ce qui facilitait les calculs de marge et de prime.
La logistique commerciale était réduite à sa plus simple expression, la valise présentoir ou le catalogue.
Cerise sur le gâteau pour le commercial, il était propriétaire de son fonds de commerce, dont la revente lui assurait une jolie retraite.
Pour l'entreprise, dans la mesure où elle arrivait à honorer ses commandes, ça roulait tout seul! Elle savait très exactement intégrer ses coûts commerciaux à ses produits, et, sauf erreur grossière de marketing, mais il n'y avait pas de

risque, puisque le marketing n'existait pas encore, elle était certaine de vendre toute sa production.

C'était le paradis pour les producteurs. La gestion de la relation client (CRM[12] en anglais), les entreprises s'en souciaient comme d'une guigne.

Responsabilités du commercial « moderne »

Ce qui fait que tout cela a radicalement changé, c'est que de la pénurie, il n'y en a plus dans notre bel Occident, que produire, c'est devenu facile, (je n'ai pas dit *concevoir*, j'ai dit *produire*, pas de confusion, s'il vous plaît), et que vendre, cela devient de plus en plus compliqué.

Et si vendre devient de plus en plus compliqué, c'est que *les besoins « naturels » sont aujourd'hui largement satisfaits* dans nos pays (même si, hélas, il y a de nombreux laissés-pour-compte), et que les entreprises, pour survivre et se développer, doivent susciter de nouveaux besoins, par définition « artificiels »[13], parfois technocratiques, le plus souvent technologiques, qui requièrent à la fois des processus de réponse toujours plus complexes, et, concurrence oblige, une réactivité de plus en plus instantanée... La quadrature du cercle, en somme !

Parallèlement, l'évolution technologique a doté les entreprises de capacités de production *illimitées* face à une demande qui restera de toute façon *délimitée,* du moins dans un avenir prévisible, quels que soient les espoirs de nouvel Eldorado que les investisseurs placent sur les nouvelles technologies[14] de l'information ou de la génétique, entre autres.

Le client, (n'oublions pas que c'est lui, quelque part, qui mène la danse ces temps-ci), qu'il soit particulier ou entreprise, constate tous les jours des offres de plus en plus efficaces, et des prix qui baissent.

---

12. Customer Relationship Management – solutions informatiques et organisationnelles pour aider à mieux comprendre et servir le client.

13. Exemple extrême, la Silicon Valley, où des armées d'ingénieurs imaginent des solutions là où on n'a pas encore trouvé de problèmes !

14. Les analystes financiers ont constaté, en fin d'année 2000, que la nouvelle économie, bien qu'elle claironnât manquer des opportunités à cause de la tiédeur des investisseurs, et avoir par conséquent du mal à honorer les commandes, se trouvait en réalité déjà en surcapacité, et encombrée de stocks invendus... Une partie de l'explication (rétroactive) de la chute verticale des marchés référents.

C'est là en effet que s'exacerbe la difficulté pour les entreprises : faudrait-il que le client soit suffisamment stupide pour acheter aujourd'hui ce qu'il pourra obtenir beaucoup moins cher, et en mieux, dans 3 mois, 6 mois, 1 an... ? À moins qu'il en ait vraiment besoin, et tout de suite... Et s'il en a vraiment besoin aujourd'hui, ce sera pour être livré aujourd'hui, pas dans 6 mois, mais, cela va sans dire, au prix qu'il pourrait obtenir dans 6 mois... Et, si vous ne vous pliez pas à ses exigences, il ira voir ailleurs, certain de trouver un fournisseur plus « compétitif » ou aux abois, trop heureux de lui donner satisfaction... La seule concession que vous obtiendrez du client contemporain, c'est qu'il admette de ne pas être livré aujourd'hui du produit qui va sortir dans 6 mois. À l'impossible, nul n'est tenu.

> Dans cette guerre de tranchées qui autorise toutes les armes et tous les coups tordus, qu'elle est loin, l'image d'Épinal du commercial, joyeux épicurien qui goûte avec une délectation bonasse aux plaisirs abondants de nos riches provinces !

Le commercial moderne est le fantassin de plus en plus équipé, sinon de mieux en mieux, de la machine de guerre que l'entreprise met en place à grands frais, au mieux pour conquérir de nouveaux débouchés, au pire pour défendre les siens des attaques qu'ils subissent 365 jours par an.

Si vous voulez être édifié sur l'effort financier auquel sont astreintes les entreprises, faites le rapport entre ce que coûtait un service commercial il y a seulement 20 ans et ce qu'il coûte aujourd'hui, n'omettez pas d'inclure le coût du marketing pour être tout à fait complet !

Le « mal-être » du commercial

Le commercial d'aujourd'hui est devenu une ressource beaucoup plus vitale pour l'entreprise qu'il ne l'a jamais été.

Pourtant, alors que l'on exige beaucoup plus de lui, que son métier est beaucoup plus difficile, que ses conditions de travail se sont sérieusement dégradées, il est incontestablement moins bien rémunéré aujourd'hui que par le passé. C'est un constat certes dérangeant pour la corporation, mais, n'en déplaise aux porteurs d'idées reçues, ce n'est pas là l'essentiel. Là où le bât blesse très fort, c'est que *le commercial a le double sentiment de ne pas être reconnu dans l'entreprise et de ne pas être traité avec équité.*

Nous en avons l'explication, sinon le remède : je l'ai rappelé plus haut, jusqu'à il n'y a pas très longtemps, le commercial travaillait pour ainsi dire seul. Personne ne s'occupait de lui, ni pour le surveiller, ni pour l'aider. Il était maître de tous les cycles de la vente. Une supervision légère, j'oserai le terme de diaphane, et pas de marketing avec qui se colleter, de directeurs, d'experts, de télévendeurs, de distributeurs, de E-Commerce... pour lui contester ses clients et son chiffre d'affaires. En bref, il était libre, autonome, bien payé, et le mot « stress » n'existait pas encore pour venir le perturber.

Et, encore une fois, l'entreprise n'éprouvait aucune nécessité de contrôler l'organisation commerciale, puisqu'il lui suffisait de produire pour vendre.

Aujourd'hui, au nom de la pression concurrentielle, de la complexité croissante de l'offre et de l'extraordinaire découverte par les entreprises que leurs produits étaient utilisés par des ***clients***[16], le commercial se trouve enfermé dans un carcan de règles, de processus, de procédures, qui concourent à paralyser toutes ses initiatives, quand on n'en fait pas un stakhanoviste de la production de rapports en tous genres.

Ce qui est normal du point de vue de l'entreprise : elle ne peut pas se contenter de produire, elle a besoin d'anticiper ce qui peut raisonnablement être vendu pour produire au mieux, et surtout pour acheter mieux[17].

Il n'empêche que le commercial, par atavisme, a le sentiment que l'activité, disons « administrative », qu'on lui impose maintenant, est en totale contradiction avec ce qui constitue le sel de son activité, le travail libre sur le terrain[18]. En résumé, il estime qu'il n'a pas signé pour ça !

Le plan de rémunération, ou « package commercial », avant tous les autres outils de management, contribuera soit à réduire son malaise, soit, s'il « met à côté », à l'augmenter.

---

15. Si on en croit la littérature spécialisée, cette découverte est aussi importante que la découverte du nouveau monde : au bout de la mer, il y a quelque chose !

16. Notons l'importance grandissante des services achats dans les grandes entreprises.

17. Le mot terrain est très à la mode dans les discours officiels des dirigeants, qu'ils soient publics ou privés, civils ou politiques. Le terrain, je l'ai remarqué, moins on y est présent, plus on l'évoque.

Les implications de la rémunération

La rémunération fait donc partie du « package commercial », aux côtés de la définition d'un « territoire d'activité », et des objectifs quantitatifs et qualitatifs. Elle est constituée d'une rémunération fixe et d'une rémunération variable.

Le package commercial devrait être en toute logique l'application aussi fidèle que possible de la stratégie commerciale de l'entreprise, et constituer un message clair pour le commercial.

Ainsi, selon que vous estimez que la conjoncture vous est favorable, que vous disposez d'une trésorerie suffisamment solide pour envisager le long terme avec sérénité, que vous jugez que votre entreprise est armée pour l'offensive et que le moment est venu de prendre de nouvelles parts de marché, votre plan privilégiera la signature de nouvelles affaires plutôt que les critères de rentabilité immédiate, vous tiendrez soigneusement compte de la qualité des portefeuilles clients attribués aux commerciaux, vous veillerez à une répartition équitable des territoires, et vous ferez tout pour motiver vos forces commerciales à occuper le terrain et à ne pas passer à côté de la moindre opportunité.

Si, au contraire, le marché, les circonstances, la malchance, les erreurs de gestion ou de stratégie de vos prédécesseurs, vous obligent à courir après une rentabilité à court terme, en clair si vous êtes aux abois et que, compte tenu de vos problèmes immédiats de trésorerie, la stratégie à moyen terme, vous vous en préoccupez comme de colin-tampon, si en plus vous êtes à quelques années de la retraite et que vous pensez que votre base clients vous permettra de tenir jusque-là, votre plan favorisera la vente lourde, rapide et à forte marge, donc auprès des gros clients existants, que vous harcèlerez pour y arriver, quitte à tuer la poule aux œufs d'or, mais aussi lentement que possible, pour ne pas disparaître avant elle.

Quand vous êtes confronté à une telle situation, votre stratégie de développement, vous la reporterez aux calendes grecques. Renforcer la cohésion, motiver les troupes, bien entendu que vous n'êtes pas contre, mais vous n'en avez ni le temps, ni les moyens…

Seul comptera dans votre cas le volume de marge bénéficiaire que le commercial générera, vous ne serez pas trop regardant sur les moyens qu'il utilisera, la seule chose que vous voulez, après laquelle vous courez désespérément, poussé par vos actionnaires ou votre maison mère, c'est du **résultat…**

Le premier de ces deux exemples, traduit, je le concède, une réalité qu'on ne rencontre pas souvent lorsqu'on est chef d'entreprise. Quant au deuxième cas, il existe hélas en l'état, nous l'avons tous rencontré au moins une fois dans notre parcours.

Entre ces exemples extrêmes où, pour des raisons opposées, les managers n'éprouvent pas de difficulté technique à établir le package des commerciaux, ce sont trop souvent les circonstances, la routine et la facilité plutôt que la réflexion stratégique qui président à la construction (le terme de rafistolage serait plus approprié), du plan annuel.

C'est que, à l'instar du financement des retraites et de la Sécurité Sociale, toucher en profondeur à la rémunération commerciale, pour l'entreprise, c'est manipuler de la nitroglycérine, personne ne tient à s'en charger, de peur qu'elle n'explose.

Alors on fait avec, en se contentant de replâtrages pour cacher les fissures les plus béantes, et en priant le Ciel pour que les commerciaux qui bénéficient de rentes de situation exorbitantes (il y en a !), éprouvent soudain une honte incontrôlable des avantages immérités que l'entreprise leur a accordés dans un moment d'égarement, et remettent spontanément leur démission !
Parce que leur imposer un nouveau statut, moins favorable, c'est entreprendre un bras de fer dont vous ne sortirez pas forcément vainqueur. Il faudra les licencier, en les indemnisant sur la base de leur rémunération passée. Le coût en est tellement élevé qu'on préfère en rester au *statu quo*.

Quant aux commerciaux que le système ne rémunère pas à la hauteur de leur apport, on espère benoîtement qu'ils ne vont pas s'en apercevoir (croyez-moi, ce n'est pas une spéculation aussi ridicule qu'elle en a l'air, le commercial peut être assez naïf pour se laisser volontiers entortiller si on y met la manière... du moins pendant un certain temps). Si la distorsion devient trop visible et potentiellement risquée, on essaiera de trouver des solutions faites de bouts de ficelle, pour tenir un an de plus, en se promettant que pour l'année prochaine, promis, juré, on va réfléchir à une grande réforme... Si cela ne vous rappelle pas les impôts, la retraite et la Sécurité Sociale...

Pourtant, les entreprises qui en sont à ce stade ont conscience qu'il est indispensable pour leur survie même de changer. Mais comment?

Quelques pistes pour concevoir un « package » commercial

Commençons par reprendre nos esprits :

Primo, ne croyez pas que vous réussirez à concocter un package parfaitement équilibré entre vos commerciaux. Le nombre de paramètres qu'il faudrait prendre en compte doit être voisin de celui du nombre d'étoiles de notre galaxie. Donc, soyez persuadé que quel que soit le soin que vous aurez pris à doser critères de rémunération, objectifs et territoires, il y aura chaque année des anomalies dans le système, des commerciaux objectivement trop payés et d'autres mal récompensés de leurs efforts.

Ce à quoi il faut vous attacher, c'est à ce que, ***dans la durée,*** vos bons commerciaux soient bien payés, vos commerciaux moyens (il en faut, ils sont reposants pour le management) soient correctement rémunérés, sans plus, et vos mauvais commerciaux soient autant que possible partis chez vos concurrents.

Secundo, toute conception de package commercial représente un défi pour l'entreprise : comment pousser chaque commercial, à quelque stade de réalisation de ses objectifs qu'il se trouve, à rechercher le meilleur résultat possible pour l'entreprise, sans que la rémunération correspondante ne devienne extravagante?
Comment inciter, par exemple, celui qui a largement réalisé ses objectifs dès septembre, à poursuivre son effort jusqu'en décembre? Comment, à l'opposé, relancer celui qui est loin de ses objectifs pour qu'il ne baisse pas les bras et se batte jusqu'au terme de l'exercice?

Tertio, a défaut de package idéal, n'essayez pas de trouver le compromis qui satisferait tous vos commerciaux. Un commercial satisfait de son plan de rémunération, de ses objectifs et de son territoire, et qui le manifeste, ça ne peut pas exister, je dirais même plus, ça ne doit pas exister! Si, par extraordinaire, vous aviez le sentiment que vos commerciaux se réjouissent du plan que vous leur avez proposé, dites-vous qu'il vous faut toutes affaires cessantes reprendre toutes vos simulations, parce que à coup sûr il y a une faille dans votre

L'équité de la rémunération commerciale se vérifie dans la durée.

Livrons-nous à un premier exercice intellectuel : pourquoi ne pas fixer comme objectif de rémunération à long terme de tous les salariés de l'entreprise *que les rentes de situation, dont l'expérience montre que le plus souvent elles profitent à **ceux qui savent se pousser dans l'entreprise** et pas à **ceux qui poussent l'entreprise,*** soient progressivement éradiquées, et que chacun *soit payé en fonction de son travail et de son talent ?*

Il est vrai que la législation, les conventions collectives et les usages ne rendent pas la tâche facile. Mais pourquoi ne pas essayer ? Et pourquoi ne pas commencer par appliquer ce principe aux commerciaux, la population de l'entreprise qui est probablement le plus préparée à l'accepter ?

Pas de précipitation ! Je ne dis pas qu'il faille atteindre la perfection, encore moins que ce principe doive être vérifiable à tout moment et sur n'importe quelle durée. Non, je me contenterais d'un constat pluriannuel.
Par exemple, un directeur commercial peut tenir ce genre de discours à son commercial, lorsqu'il lui fait son évaluation annuelle : « *Pendant ces 3 années que vous venez de passer chez nous, vos résultats ont évolué d'une manière très satisfaisante. Il est vrai que vous avez souffert pour obtenir vos premières affaires, dans un contexte difficile dont j'étais conscient, mais vous ne me démentirez pas si j'affirme que je vous ai fait confiance et que vous avez bénéficié de l'aide et de la formation nécessaires... Je suis très content de constater aujourd'hui que vous avez* « *apporté votre pierre à l'édifice* » *; en contrepartie admettez que nous avons su reconnaître vos mérites, nous vous avons confié des responsabilités accrues auprès de comptes que pour certains vous avez eu le mérite d'ouvrir et pour d'autres celui de les faire prospérer. Votre rémunération a suivi, vous êtes parmi les salaires les plus élevés du service, et ce n'est que justice... ».*

C'est à autoriser ce genre de commentaire que la suite voudrait se consacrer.

plan, que cette faille ne leur a pas échappé, et qu'elle va vous coûter les yeux de la tête si vous ne réagissez pas tout de suite !

Étant donc convenu que vous ne pourrez pas bâtir le plan parfait de vos rêves, et que personne ne sera « officiellement » content de ce plan quels que soient vos efforts de concertation, de négociation, de compréhension et *tutti quanti,* laissez-vous guider par les quelques principes de base que je développe ci-après.

Ces principes n'ont rien de révolutionnaire, mais ils auront le mérite d'une part de contribuer à vous simplifier l'existence, ce qui est toujours bon à prendre par ces temps difficiles, et ils vous permettront d'autre part, quelle que soit l'évolution du chiffre d'affaires, de maîtriser vos coûts commerciaux et de piloter dans la sérénité votre réseau commercial.
Année après année, ils vous amèneront à établir puis à faire respecter un traitement équitable entre vos collaborateurs, ce dont ils finiront par vous être gré, même s'ils ne vous l'avoueront jamais.

La rémunération fixe

De plus en plus de voix s'élèvent en France et ailleurs pour réclamer la transparence généralisée des rémunérations. Il ne faudrait plus avoir honte de ce qu'on gagne, ou de ce qu'on ne gagne pas. Et vos voisins aimeraient bien savoir si le luxe tapageur que vous affichez en toutes occasions correspond effectivement à vos revenus, ou si vous ne vivez pas au-dessus de vos moyens.

La tendance dans notre pays reste cependant à la discrétion… sauf pour les commerciaux qui, en général, n'hésitent pas à parler entre eux de leur rémunération. Au contraire, ils sont friands de comparaisons. Cela leur est d'autant plus naturel que la rémunération est, pour eux, le premier moyen d'étalonner leur valeur : je gagne plus que toi, je suis meilleur que toi.

Ne croyez donc pas que vous pourrez dissimuler des distorsions entre les rémunérations de vos commerciaux. Si en plus elles ne sont pas réellement justifiées mais imposées par les circonstances, ne perdez pas de vue qu'un commercial est une formidable machine à se renseigner sur tout, et qu'il finira par les découvrir.

Si, d'aventure, vous recrutez de nouvelles ressources, et que la « pression du marché »[18] vous amène à les payer beaucoup plus cher que vos vieux grognards, soyez assuré qu'ils l'apprendront très vite, et qu'ils auront su obtenir sur la nouvelle recrue des informations autrement plus pertinentes et parfois moins flatteuses que celles dont vous disposez... et attendez-vous à passer quelques moments difficiles !

Recrutez les commerciaux que vous pouvez vous payer

En aucun cas ne dérogez à la grille de rémunérations que vous aurez établie en tenant compte des moyens dont dispose votre entreprise et des usages du secteur.

Quoi qu'il en soit, vous devrez être dans le marché. Si vous êtes en dessous, et quel que soit l'attrait de votre entreprise, vous n'arriverez pas à recruter les meilleurs. Si vous êtes au-dessus, vous traînerez comme un boulet le coût de votre service commercial. Si vous êtes au-dessus pour les nouveaux, et en dessous pour les autres, vous courez à la catastrophe.

À tout prendre, il vaut mieux, à mon avis, manquer l'opportunité de recruter un auto proclamé commercial d'exception dont les exigences excèdent vos moyens, que de dynamiter votre service commercial.

Si votre entreprise, jeune, manque de fonds de roulement, il vous reste la solution d'intéresser les meilleurs au capital (certes, cette solution, pourtant acceptée dans son principe par la plupart des chefs d'entreprise, a beaucoup de mal à dépasser le stade des intentions du fait desdits chefs d'entreprise, sauf dans la nouvelle économie, où l'on frôle les pratiques de casino[19]).

Encore une fois, pas de discrimination : vous devrez offrir la même chance à vos commerciaux en place et à vos nouvelles recrues. Mais nous franchissons le domaine de la rémunération variable.

---

18. Voir au chapitre 4, sur le recrutement, les développements consacrés notamment aux cabinets du même nom.

19. Avouons cependant que distribuer des stock-options par rapport à un capital virtuel présente moins de difficulté psychologique que par rapport à un capital réel.

La rémunération variable

Traditionnellement, les objectifs du commercial sont associés à sa rémunération variable, ce qui au fond est absurde : on verrait mal une entreprise qui ne rémunérerait ses commerciaux qu'au fixe ne rien exiger en retour. Mais peu importe, examinons les critères d'évaluation de la performance des commerciaux, et leurs impacts divers et variés.

Une rémunération variable, pourquoi ?

Nous l'avons dit, trois grands volets constituent le plan de rémunération variable du commercial : son territoire, ses objectifs, et les modes d'attribution de la rémunération **variable.**

Fixer des objectifs et délimiter le champ d'activité du commercial, tout le monde aujourd'hui en comprend la nécessité, à l'ère des canaux de vente multiples, ne serait-ce que pour éviter la confusion générale, la concurrence dévastatrice entre réseaux de vente d'une même marque, et pour que le commercial, salarié de l'entreprise et non indépendant, ait une idée précise de ce qu'on attend de lui.

Est-il, par contre, complètement farfelu de poser la question de l'intérêt de continuer à proposer une rémunération variable aux Commerciaux, après tout ce que nous venons de constater sur la complexité des ventes aujourd'hui, le nombre d'intervenants nécessaires et la multiplicité de paramètres qu'il faut prendre en considération pour réaliser une vente ?

Au risque d'aller à rebrousse-poil d'une idée pourtant gravée dans le marbre, j'oserais affirmer que **la rémunération variable n'est pas** dans le contexte actuel (si elle l'a jamais été auparavant) **le facteur qui motive le commercial à donner le meilleur de lui-même.**

Pour preuve à contrario, lorsqu'elles veulent pousser les ventes dans un domaine ou un autre, les directions générales mettent en place des programmes spécifiques de motivation commerciale… Elles prennent tellement de soin à les élaborer, qu'elles n'hésitent pas à dépenser des fortunes auprès d'entreprises spécialisées dans la dynamique commerciale qui se multiplient depuis une quinzaine d'années[20].

---

20. Chapitre 7.

Autre preuve s'il en est besoin, que le variable n'est pas la carotte que l'on croit, d'année en année, la part du variable liée aux objectifs de chiffre d'affaires diminue régulièrement et systématiquement dans la rémunération des commerciaux, alors que les conditions de concurrence requièrent de plus en plus de leur pugnacité [21].

Pourtant, il est essentiel pour les entreprises de maintenir une rémunération variable significative de leurs commerciaux. Toutes celles qui ont supprimé la partie variable de la rémunération, ou qui lui ont substitué par exemple un intéressement aux résultats globaux de l'entreprise, plus conforme selon elles aux conditions actuelles du commerce, s'en sont au bout du compte très mal portées [22].

L'effet « coup de pied aux fesses »

Ce qui justifie encore aujourd'hui, et, pour longtemps, une rémunération variable spécifique pour les commerciaux, c'est, vous me pardonnerez l'expression, l'effet « Coup de pied aux fesses ».

La prospection téléphonique et la relance sont probablement, parmi toutes les activités de l'entreprise, celles qu'un commercial, aussi grande soit sa motivation et longue son expérience, n'a aucun goût pour assumer…
Prendre son téléphone pour appeler des gens qu'on ne connaît pas, que l'on dérange le plus souvent, qui reçoivent chaque jour, eux-mêmes, ou leur secrétaire, une trentaine au bas mot d'appels de solliciteurs [23] divers, cette partie de son activité, le commercial n'accepte de l'assumer que parce qu'il y trouve des compensations fortes, notamment en termes d'autonomie et de liberté.

Même avec ces compensations, sans l'aiguillon de la rémunération variable, considérée par le commercial non pas comme une rétribu-

---

21. Pour alimenter la contradiction, on essaie par contre d'introduire une part de variable dans la rémunération des autres salariés.

22. J'ai plusieurs exemples en tête, dont le plus connu, Digital. Ces entreprises profitaient, sans toujours s'en rendre compte, d'une position unique sur le marché, qui leur faisait se poser des questions sur l'utilité réelle d'un service commercial réduit à une unité d'enregistrement de commandes. Hélas pour elles, la roue tourne !

23. Entendons-nous bien = le commercial en prospection est un solliciteur pour autant que son interlocuteur ne lui a pas fixé de rendez-vous. Obtenir un rendez-vous signifie que votre interlocuteur estime qu'il peut avoir besoin de vous : votre statut change pour celui de partenaire possible.

tion supplémentaire ou une gratification *mais comme partie inté-grante de son salaire de base*[24], le meilleur d'entre eux trouverait chaque matin tous les prétextes du monde pour remettre sa prospection ou sa relance à plus tard.

La rémunération variable est la *conscience professionnelle* du commercial, le petit lutin qui tous les matins et tous les soirs lui dit « tu vas téléphoner à Machin, n'oublie pas de téléphoner à… ».

Vous doutez encore de mon propos? Je persiste et signe : quand ils « explosent » leurs objectifs, les commerciaux sont entraînés par une *spirale de réussite,* qui les pousse plus qu'ils ne la contrôlent, et pas par l'attrait d'une rémunération exceptionnelle… Sinon, tous les commerciaux « éclateraient les compteurs! »

La part du variable

Nous constatons que la part variable de la rémunération des commerciaux diminue tout doucement mais très régulièrement, entraînant en toute logique et légitimité une baisse globale de leur rémunération. En effet, la part d'incertitude de rémunération diminuant, il n'est que justice que la prime attribuée au risque financier pris par le commercial suive le même chemin. Avec la bénédiction, il faut le constater, de toutes les parties prenantes.

L'entreprise y trouve son compte, dans un contexte où les coûts de commercialisation augmentent, et les commerciaux aussi, qui, à tout prendre, préfèrent une rémunération régulière, bien que porteuse de moins d'espérances de gains, à des pics et des creux qu'ils ne sauraient plus gérer.

Les conditions du métier, par exemple, font qu'il n'est pas rare qu'un commercial alterne bonnes et mauvaises années; mais la pression fiscale, pour ne citer qu'elle, va s'exercer à l'inverse, les pics d'impôts se produisant l'année où les rentrées sont les moins bonnes. Vous me direz qu'il est facile de prévoir… Comme si l'on pouvait prévoir une année à l'avance ses futurs plantages[25]!

---

24. Pour un commercial, ne pas atteindre ses objectifs, c'est ne pas toucher « l'intégralité » de son salaire. Imaginez un conducteur de la SNCF voir son salaire diminué de 30 % parce qu'il n'a pas atteint son quota de voyageurs!
25. Terme utilisé couramment par les commerciaux pour exprimer qu'ils vont rester loin de leurs objectifs.

L'évolution négative de la rémunération variable rencontrera toutefois ses limites : pour garantir l'efficacité même du commercial, nous en avons débattu plus haut, la prime d'objectifs devra pour encore longtemps représenter une partie significative du salaire.

S'il faut risquer une fourchette d'appréciation, disons qu'un variable à hauteur de 20 % du salaire global serait vraiment le minimum efficace, qu'un variable de 50 % fera des commerciaux paradoxalement plus préoccupés de leur fin de mois que de leurs clients.
La vérité se situe probablement entre les deux, autour d'un bon tiers de la rémunération globale. Le compromis est intéressant : une rémunération fixe suffisante pour que des préoccupations alimentaires ne viennent pas nuire à l'efficacité de votre commercial, trop juste pour qu'il puisse s'en satisfaire.

Les conséquences des primes d'objectifs sur l'organisation commerciale

Plutôt que le système de pourcentages de commissions, appliqué à l'origine aux représentants de commerce et que l'évolution des affaires a complexifié à l'extrême dans les entreprises qui l'ont maintenu, **profitez,** si ce n'est déjà fait, **d'un réaménagement fixe/variable pour adopter les primes d'objectifs.**

Le principe de la prime d'objectifs

Il s'agit tout simplement de mettre une prime en face d'un objectif. L'objectif est atteint, la prime est due, l'objectif est dépassé, la prime est plus forte, l'objectif n'est pas atteint, la prime est réduite, voire n'est pas versée.
Il est aussi simple sinon plus simple d'appliquer le principe de la prime d'objectifs que de calculer un pourcentage de commissions sur les résultats. Dans les faits, il s'agit plus de différence de présentation que de différence sur le fond.
En revanche les conséquences psychologiques de la prime d'objectifs sont beaucoup plus favorables à l'entreprise : le commercial acceptera plus facilement de voir ses objectifs évoluer d'une année sur l'autre, en fonction des modifications

apportées à son territoire ou à ses responsabilités, sans ajustement systématique du montant de sa prime d'objectifs...

Là où il n'admettrait absolument pas qu'on lui rogne son pourcentage de commissions!

Le montant de la prime doit-il être lié à l'importance des objectifs ?

Non, pas directement, ce serait perdre tout le bénéfice du dispositif. La règle appliquée en général est que la prime à objectif atteint est identique pour une même catégorie de commerciaux (junior, confirmé, senior, responsable de secteur...), ainsi que le mécanisme d'attribution.

Les objectifs, eux, entre deux commerciaux d'expérience équivalente, varient en fonction du potentiel du territoire et du portefeuille de clients.

Je vais essayer de vous convaincre du bien-fondé du système en prenant deux exemples :

Premier exemple

Un commercial d'expérience, à qui vous avez souhaité confier un secteur difficile, très peu de clients et beaucoup de prospection, parce que vous pensez qu'il a les qualités pour le développer.

Vous le ferez bénéficier, s'il atteint l'objectif que vous lui avez fixé, de la même prime d'objectif que celle que vous avez proposée à un autre, d'expérience équivalente, à qui vous aurez attribué un objectif deux ou trois fois plus important, mais à réaliser auprès de clients captifs.

Sur une clientèle à créer, le risque pour le premier de manquer ses objectifs, même nettement inférieurs à ceux du second, est incomparablement plus élevé que s'il pouvait s'appuyer sur un parc clients. En retour, comme l'objectif est nettement moins ambitieux, le mécanisme d'attribution de sa prime fait qu'il a aussi plus de chances de toucher une rémunération beaucoup plus importante s'il décroche la grosse affaire.

Illustration

Secteur de technologie lourde, par exemple vente d'ordinateurs de type IBM ou compatibles.

1er territoire, « chasseur », de pure prospection, sans base installée. Objectif de commandes = 8 MF.

Pronostic : aléatoire.

`...`

> **...**
>
> 2e territoire, « éleveur », forte base installée. Objectif = 25 MF, dont 20 MF pratiquement assurés auprès de clients existants, mais qu'il faut suivre et qui requièrent beaucoup d'attention.
>
> Pronostic : sécurisé.
>
> Le premier commercial peut finir l'année à 0 %, (ce n'est pas un cas de figure théorique, il s'agit de vente lourde, donc à quitte ou double sur de nouveaux comptes) et vivre sur son salaire fixe, ou faire tomber 27 une seule affaire, qui va lui assurer d'un coup son objectif.
>
> Soyons très optimiste : s'il réussit deux contrats, il va doubler son chiffre d'affaires réalisé par rapport à l'objectif, et, compte tenu d'un mode de calcul généralement progressif, aussi son salaire.
>
> Le second lui, est, quasiment assuré de réaliser au moins 80 % de son objectif, avec les extensions sur les systèmes installés chez ses clients. Il atteindra son objectif si l'un de ses clients renouvelle son système, et peut espérer le dépasser de 20 à 30 % s'il trouve un nouveau compte. En revanche, pour doubler son salaire, c'est 25 MF de plus qu'il devra trouver, autant dire que la mission est impossible !

Ainsi, en contrepartie du risque qu'il prend de ne rien gagner, vous offrirez au chasseur une opportunité de gagner beaucoup plus. Ce n'est que justice.

Et, si vous craignez que tous vos commerciaux veuillent devenir chasseurs et ne plus trouver de volontaire pour les sinécures [26], rassurez-vous, vous pouvez en accepter le risque, il est très, très faible !

Deuxième exemple

Imaginez maintenant des commerciaux rémunérés directement en proportion du chiffre d'affaires réalisé. Vous constaterez très rapidement le phénomène suivant : d'un côté, les « sénateurs », qui détiennent tous les comptes clients, et qui profitent de l'intégralité du chiffre d'affaires récurrent.

Les sénateurs sont très bien payés. Piliers prétendus de la maison, si vous les écoutez, ce sont eux qui portent l'entreprise. Ils ont signé toutes les affaires. En réalité, si vous creusez, le dernier compte client qu'ils ont ouvert remonte à très longtemps.

---

26. Expression abusive, une base client installée est loin de constituer une sinécure pour le commercial qui la suit.

27. Encore un terme commercial pas très élégant, mais très imagé.

De l'autre côté, de jeunes commerciaux, fraîchement recrutés et souvent renouvelés, dont on n'essaie pas même de retenir le nom tant on connaît la précarité de leur situation, s'échinent à prospecter de nouveaux comptes. Il est hors de question, bien entendu, de leur confier des clients, il y en a tout juste assez pour nourrir les sénateurs !

Quand les plus opiniâtres de ces jeunes gens réussissent à ouvrir un compte, croyez-vous qu'ils en seront récompensés par des espèces sonnantes et trébuchantes ?

C'est mal connaître le système : les grands clients font passer leurs nouveaux fournisseurs par des phases probatoires, la montée en volume est longue. Les affaires bien juteuses, c'est au bout de une, deux, trois années qu'elles tombent... dans l'escarcelle des sénateurs !

Parce que les jeunes commerciaux qui ont ouvert ces comptes, las d'attendre une rémunération en rapport avec leurs efforts, sont partis vers des cieux plus accueillants [28], et les sénateurs se sont réparti leurs dépouilles.

L'organisation commerciale que sous-tend le deuxième exemple est des plus courantes : on demande aux moins expérimentés d'accomplir le travail le plus difficile, le plus porteur d'avenir pour l'entreprise.

Les gros clients étant stratégiques pour l'entreprise, on les confie à des commerciaux de poids, ce qui obéit à la logique du moindre risque, mais prive l'entreprise de ses troupes les plus expérimentées pour assurer son développement.

Imaginez que l'équipe de France de football ait espéré remporter la coupe du Monde et la coupe d'Europe en réservant ses meilleurs éléments pour assurer les matchs faciles, et en alignant des formations inexpérimentées face aux meilleures équipes !

Entendons-nous, cependant. Si ces situations perdurent, c'est certainement dû en partie à l'historique que nous évoquions en tête de chapitre. Quant aux commerciaux qui profitent du système, il serait inconvenant de leur jeter la pierre, mettez-vous à leur place, pourquoi voudriez-vous qu'ils protestent contre le sort enviable qui leur est proposé ?

Quoi qu'il en soit, avec l'adoption du système de prime d'objectifs, la direction commerciale dispose d'une arme très efficace anti « rentiers ».

---

28. Des entreprises qui peuvent les payer plus cher, pour avoir fait l'économie de leur formation commerciale.

La reconduction de la prime d'une année sur l'autre n'interdit pas en effet de faire évoluer les objectifs et les territoires dans le sens qui convient le mieux à l'entreprise : par exemple faire passer un commercial d'un territoire d'élevage à un territoire mixte chasse-élevage, en diminuant sérieusement son objectif, sans toucher à sa rémunération variable.

Certes, cela ne se fera pas sans récrimination, il faudra se montrer persuasif, caresser dans le sens du poil, donner des assurances morales, mais c'est très faisable, d'autant plus que le commercial, contrairement au VRP historique, n'est pas propriétaire des ses clients.

Essayez de modifier un territoire dans un système de rémunération au pourcentage de chiffre d'affaires, vous courez tout droit au conflit majeur.

Borner la prime d'objectifs

Conseiller de « borner » la prime d'objectifs peut paraître anti-commercial et démotivant au possible, pourtant, il faut impérativement limiter le gain possible à un montant raisonnable [29]. Estimeriez-vous le risque de gros dépassement hautement improbable, qu'il finira par se produire !

Il arrive en effet qu'un commercial, heureux gagnant d'un concours de circonstances comme cela se produit rarement mais parfois, se retrouve pendant un ou deux ans à bénéficier d'une rémunération autant astronomique qu'imméritée, et porteuse de conséquences dramatiques.

> Tenez, du vécu : il était une fois, chez « B », un ingénieur technico-commercial, apprécié de tous et protégé de son directeur commercial, lequel avait cru déceler en lui de vraies qualités de vendeur. Encouragé par son directeur commercial qui lui mitonne un bon petit objectif et un variable très honnête, il franchit le Rubicon et accepte, un peu tremblant, un poste d'ingénieur commercial.
>
> Le directeur commercial tient à ce que l'expérience réussisse. Il bichonne son commercial, lui confie, entre autres, un compte que lui-même suivait en direct, un client tranquille, pas agressif, régulier mais pas très dynamique, bref pépère, sans bonne ni mauvaise surprise. Le raisonnement, pas entièrement faux, était qu'une petite affaire facile chez un client connu mettrait son poulain en confiance et le ferait décoller.

---

29. D'autant plus si vous adhérez à mon raisonnement sur l'efficacité réelle de la rémunération variable.

Mais voilà. ça ne s'est pas passé du tout comme prévu. Sans crier gare, voilà que les actionnaires du client bien tranquille sortent de leur torpeur, limogent le PDG, nomment à sa place un jeune loup aux dents forcément très longues, et c'est le grand chambardement.

Le client se met à racheter ses concurrents, développe un nouveau pôle d'activités qui explose.

Jusque-là plutôt sous-investi, le client doit rattraper son retard, acheter en masse. « B », en particulier, est l'heureux fournisseur d'un système d'information parfaitement propriétaire et incontournable. Compte tenu de l'urgence, « B » ne risque aucune mise en concurrence. « B » est en position de force, et, en toute logique, va « se goinfrer », comme on dit dans le jargon imagé des commerciaux...

Le chiffre d'affaires réalisé chez ce client sera cinq fois supérieur, dans cette seule année, à l'objectif fixé, pour l'année et l'ensemble de son territoire, à notre tout nouveau commercial, lequel, d'une année à l'autre, passe d'un salaire d'ingénieur technico-commercial d'un peu plus de 200 kF (salaire habituel pour le poste) à une rémunération d'ingénieur commercial de près de 1,2 MF (vous avez bien lu et je ne me suis pas trompé dans les chiffres).

Qu'est-il advenu, d'après vous, du collègue ?

Faute de l'expérience nécessaire pour prendre un peu de recul par rapport au petit miracle qui venait de s'accomplir à son profit, à aucun moment il n'a mesuré la chance dont il avait bénéficié.

Au contraire, probablement à son corps défendant, et alors que c'était quelqu'un de tout à fait estimable avant que cette affaire ne lui tombe dessus, il a complètement perdu le sens commun. Il s'est mis à s'identifier à son rôle de commercial [30]. Chaque jour qui passait, il se voyait de plus en plus grand, de plus en plus fort, et les autres, forcément, il les voyait de plus en plus petits. Qui aurait pu lui jeter la pierre ?

Bien évidemment, plus question d'apprendre le métier (pensez donc, c'est lui qui a vendu la Société « D » !). Peu à peu, il s'est mis à prendre les clients, ses collègues, et sa hiérarchie de haut (« D », au cas où il faudrait vous le rappeler, c'est moi ! Je tiens « B » à bout de bras !).

La rémunération exceptionnelle – pas si exceptionnelle que cela, si on y regarde de son point de vue – dont il avait bénéficié est devenue son référentiel de rémunération. Pas question de travailler à moins d'1 MF (non, mais, vous oubliez que « D », c'est moi !).

Bien évidemment aussi, à part « D », il n'a pas fait tomber un seul autre client, mais sans que l'effleure l'idée qu'il pouvait porter une part de responsabilité dans cette quête stérile, qu'il ne s'y prenait peut-être pas tout à fait comme il eût convenu, ou que la motivation nécessaire lui manquait.

---

30. Le syndrome Giscard, ou le « président qui se prend pour le président ». Je ne cite pas l'auteur, je ne suis pas certain qu'il tienne à l'être.

Se remettre en cause, accepter les conseils de son directeur commercial, reprendre son activité à la base, quand on a vendu « D », ce n'était pas possible... Au contraire, il s'est persuadé que des gens, à l'intérieur de « B », probablement des jaloux médiocres exerçaient leur pouvoir de nuisance pour l'empêcher de réitérer le succès de « D ».

Il s'est donc aigri, fâché avec à peu près tout le monde, secrétaires comprises – quelle erreur ! Il s'est rendu insupportable. Au bout du compte, Il a fallu le licencier, non sans lui accorder une jolie transaction de départ, en référence à sa rémunération passée...

Post-scriptum : Ce qu'il est devenu ? Il s'est très correctement vendu ailleurs, plusieurs fois, avec SA RÉFÉRENCE (il a vendu la société « D » !)... Pendant quelque temps, le temps que les entreprises du secteur se rendent compte que derrière « D », il n'y avait pas grand-chose de solide... Le système a tout de même fonctionné quelques années, qui lui ont permis de faire pas mal de dégâts chez les concurrents aussi (vous savez, ceux qui recrutent très cher des commerciaux soi-disant exceptionnels, pour lesquels il a fallu sortir de la grille de rémunération, au grand mécontentement de tous les autres...) Je ne sais pas trop ce qu'il est advenu de lui ensuite, mais je crains qu'il soit toujours à courir après son lustre passé, à moins qu'il ne s'en sorte très honorablement, tout est possible.

Conclusion sans morale : si la rémunération de ce commercial avait été « bornée », son histoire se serait probablement écrite autrement.

Limiter les critères d'évaluation

Des objectifs clairs et raisonnables

Des objectifs clairs et raisonnables qui donnent envie aux bons de bien faire, aux moyens de progresser, et pousse les mauvais à s'en aller.

J'ai longtemps travaillé pour une multinationale américaine dont la Direction Europe, était, pour des commodités de langue, située à Londres. Chaque année, au moment de l'élaboration des budgets, tous les managers s'amusaient au jeu de « Monsieur + ». Je vous en livre la règle, simple, facile à appliquer, et désastreusement efficace !

Au commencement, il y a la « Mother House », qui définit des objectifs globaux de commandes, de chiffre d'affaires, de marge, et de mix produits [31].

---

31. Mix produits = déterminer avec quels produits et quel volume par produit va se réaliser le chiffre d'affaires. Ces prévisions sont très importantes pour anticiper les besoins de production.

Rappel du chapitre précédent[32] : par nature, dans une entreprise qui se respecte, les objectifs sont systématiquement en augmentation d'une année sur l'autre :

1 – soit par rapport aux résultats de l'année précédente si ces résultats ont été en ligne ou supérieurs à l'objectif,

2 – soit par rapport à l'objectif de l'année précédente si ce dernier n'a pas été atteint.

La Maison Mère répartit ensuite ces objectifs à un premier niveau, disons régional – l'Europe du Nord, par exemple, est une région, l'Europe du Sud et l'Afrique du Nord une autre, l'Asie, le Pacifique... – selon le principe ci-dessus.

Dès ce premier niveau de répartition, la Maison Mère s'est arrangée pour que le cumul des objectifs répartis par région représente un petit quelque chose de plus que l'objectif global qu'elle s'est fixée (mais dont elle n'a pas rendu publique la répartition, pas folle!) forte du prétendu constat que pour obtenir un minimum, il faut demander le maximum!

En gros, pour atteindre l'objectif de la Compagnie qui est de 100, elle va répartir 105, ce qui est déjà énorme.

Le budget arrive sur le bureau de chaque patron de région. Le patron de région, lui, a fait le même constat avec ses filiales que la Maison Mère avec ses régions. S'il ne répartit pas un peu plus que l'objectif, à tout coup il y a des filiales qui vont le « planter ».

Vous l'avez compris, il va faire exactement la même chose que son Chairman : un chouia par ci, un chouia par là, il va répartir au moins 105 % de son objectif à lui.

Les PDG de chaque filiale, comment croyez-vous qu'ils vont s'y prendre? Vous pensez qu'à des vieux de la vieille comme eux, on ne la fait pas. Alors, eux aussi, hop, un petit plus pour chaque direction.

Les directeurs d'agences ou de secteurs, qui connaissent aussi bien la musique que les autres, vont en faire autant pour leurs commerciaux.

Et toujours le même principe de calcul = les réalisations de l'année précédente pour ceux qui ont atteint ou dépassé leur objectif, l'objectif de l'année précédente pour les autres, on répartit la différence entre le total obtenu et le nouvel objectif, on secoue le tout et on sert des objectifs individuels bien pesés!

Avec de telles pratiques, dans des sociétés que je connais, on en est réduit à bouleverser régulièrement les hommes et les structures pour

---

32. « Une mécanique cyclique. »

pouvoir repartir d'objectifs raisonnables [33]. les managers commerciaux et la DRH sont amenés à passer une partie non négligeable de leur temps à essayer de régler les problèmes de rémunération de leurs commerciaux exagérément « taxés », à coups de primes exceptionnelles et de variable garanti par exemple.

Aussi, je vous en prie, si vous êtes dépositaire d'une quelconque responsabilité dans l'établissement des objectifs de vente, n'en rajoutez pas ! Ces pratiques de « la patate chaude » n'ont jamais généré un centime supplémentaire de résultat. Quand on connaît son métier et son marché, on doit être capable de fixer des objectifs à la fois raisonnables et ambitieux, ces deux termes ne sont pas franchement incompatibles !

Objectifs de commandes, ou de facturation-encaissement ?

L'objectif de commandes

Un commercial n'est jamais satisfait de ses objectifs… sauf quand c'est lui-même qui les fixe.

Si vous n'en êtes pas convaincu, donnez-vous la peine de procéder à l'exercice suivant :

Dans un premier temps, demandez à vos commerciaux de réfléchir au chiffre d'affaires qu'ils peuvent raisonnablement espérer réaliser, client (ou prospect) par client, lors du prochain exercice.
Puis réunissez votre force de vente, tout entière ou par secteur, afin que chacun présente ses réflexions à tous. Il est très important à ce stade de faire participer toute votre équipe, une discussion en tête à tête directeur commercial et commercial se terminerait probablement par une séance inintéressante de pleurs et de récriminations sur la difficulté du métier.
Tandis qu'au milieu de ses collègues, le commercial cédera à son penchant naturel d'en « rajouter », qui sert mieux vos desseins.
Mettez-vous dans la peau du sceptique – celui qui n'y croit pas –,

---

33. La raison avancée pour les bouleversements réguliers est toute autre. On évoque le bouillonnement, la dynamique… C'est vrai aussi, mais pas seulement.

passez au crible chaque argument de chaque commercial, soyez très circonspect sur chacune des affaires qu'on vous présente, poussez jusqu'à la mauvaise foi, négociez pied à pied à la baisse le chiffre d'affaires estimé.

Vous verrez vos commerciaux non seulement défendre et argumenter les chiffres, probablement excessifs, qu'ils auront annoncés, mais encore, se piquant au jeu, trouver en cours de discussion des affaires à rajouter à leur liste. C'est vous qui devrez calmer leur ardeur et réduire leurs ambitions.

À la fin de la réunion, une bonne réunion, productive, excellente pour le moral des troupes, vos commerciaux vous auront proposé des objectifs nettement supérieurs à ceux que vous pensiez leur attribuer !
N'en profitez pas pour les prendre au pied de la lettre, ne répartissez que ce que vous aurez jugé réaliste, ils vous en sauront gré, et accepteront plus facilement une prime d'objectif raisonnable, bien que par définition en dessous de leurs aspirations.

Nous venons d'évoquer le premier des objectifs du commercial, celui dont découlent tous les autres, la prise de commandes.
Prévoir les futures commandes est un exercice délicat, plus ou moins aléatoire selon l'antériorité des clients. Si la prévision est difficile, pour autant les techniques d'établissement et de répartition des objectifs de commandes ne sont pas d'une mise en œuvre complexe. Aussi mon propos sera non pas de proposer des solutions qui varieraient de toute façon fortement d'une entreprise à l'autre, mais de vous aider à mesurer l'opportunité de retenir tel ou tel autre critère pour forger la rémunération variable.

L'objectif de facturation/règlement

Bien que la fonction N° 1 du commercial, tout responsable d'entreprise vous le dira, soit de ***prendre des commandes,*** les directions générales rechignent à rémunérer le commercial dès la signature d'une affaire, tant il est vrai qu'entre la commande et le paiement par le client, il peut se passer beaucoup d'événements, jusque et y compris l'annulation du contrat par le client ou, cela arrive, par le fournisseur.

Si, dans l'intervalle, le commercial a été rémunéré, lui réclamer l'argent qu'il aura reçu ne va pas être simple, parce qu'il aura dans neuf cas sur dix toutes les bonnes raisons d'expliquer qu'il a fait son travail, que l'annulation n'est ni de son fait ni du fait du client, mais bel et bien due à un retard de livraison, ou à des spécifications non respectées, ou à tant d'autres raisons, *du fait de l'entreprise,* dont il n'a pas à assumer la responsabilité... S'ensuivent des discussions interminables, des revendications, des aigreurs, des accusations... et, en final, une transaction.

En libérant la prime lorsque le client s'est effectivement acquitté de la facture, ce qui signifie qu'il accepte la prestation du fournisseur, on règle tous les problèmes, sans discussion, sans surprise. Si contentieux il y a par la suite, le commercial, sauf faute manifeste de sa part, n'est plus impliqué.
Autre avantage, on dissuade des petits malins de prendre des commandes « bidon », le temps d'encaisser la prime et de s'en aller.

Effectivement, chaque fois que c'est praticable, la meilleure des solutions est de payer à réception du règlement du client.

Mais ce mode de rémunération présume un certain nombre de conditions, que ne remplissent malheureusement pas beaucoup d'affaires grands comptes.
Ainsi, le délai entre la commande et l'encaissement doit être très faible, ce qui sous-tend un client prêt à recevoir la prestation – ce n'est pas toujours possible –, des produits ou services disponibles, une logistique et des services administratifs capables de livrer, d'installer et de facturer dans le mouvement.
Il faut aussi que les facilités de paiement accordées au client ne soient pas trop larges du fait des us et coutumes de la profession.
Enfin, il serait souhaitable que les commandes soient livrées habituellement « one shot »[34], ou du moins que les livraisons multiples se fassent dans un même exercice, et non qu'elles soient à livrer à cheval sur deux exercices[35], exigence qu'aucune affaire n'a de raison particulière de respecter.

---

34. One shot : en une fois. J'aime bien ce terme, bien qu'anglo-saxon.
35. À la rigueur, le chevauchement sur deux exercices ne devrait pas se poursuivre au-delà du premier trimestre, et pour des montants inférieurs à 20 % de l'objectif de l'exercice en cours.

Explications.

Vous aurez probablement établi l'objectif de facturation de l'exercice de la manière suivante = reste à livrer de l'année précédente[36] + estimation de la part facturable des commandes de l'année[37].

Si la rémunération variable de vos commerciaux est liée exclusivement à leur objectif annuel de facturation, non seulement ils n'auront pas touché la part de prime due sur les commandes qu'il n'ont pas facturées dans l'année, puisqu'elle n'est pas prévue, mais encore ils verront leur objectif de l'année suivante gonflé par le reste à livrer, au détriment de leurs chances de démultiplication de gain en cas de dépassement[38]. Quel intérêt auront-ils à prendre des commandes sans contrepartie financière?

D'aucuns règlent cette question en considérant que c'est la date de commande qui fait foi pour le calcul et le versement de la rémunération variable au moment de l'encaissement. On n'intègre plus dans les objectifs individuels de facturation de l'exercice le reste à livrer de l'exercice précédent. Le commercial est payé à réception du règlement sur les bases de l'exercice précédent.

Cette approche, en apparence équitable et d'une mise en œuvre aisée, présente en réalité un certain nombre d'inconvénients majeurs. En voici quelques uns :

– Le commercial, qui, en début d'année, bénéficie d'un reste à livrer important, est assuré dès le 1er janvier de revenus confortables. Son penchant naturel le portera à considérer l'objectif de l'année en cours avec beaucoup de détachement... Sa combativité s'en ressentira nécessairement.

– Le système rend très compliqué le changement d'affectation de très bons commerciaux qui se retrouveraient à la tête d'un gros portefeuille de commandes non livrées en fin d'année : si le commercial titulaire du portefeuille est réaffecté et qu'un nouveau le remplace, ce dernier, en toute logique, ne sera pas rémunéré sur le reste à livrer de commandes antérieures à sa prise de poste, lequel reste

---

36. back-log en anglais des affaires, portefeuille de commandes en français.

37. Exemple : Sur les commandes 1999, reste à facturer au 31 décembre 1999 = 2 MF.
Sur 2000, on prévoit 10 MF de commandes, dont 70 % facturables en 2000, soit 7 MF
L'objectif de facturation de l'an 2000 sera de 2 MF +7 MF = 9 MF

38. Si nous reprenons l'exemple précédent, l'objectif sans backlog serait mettons de 7 MF; si on rajoute un backlog de 2 MF il devient 9 MF. Pour atteindre 120 % de son objectif et être rémunéré en conséquence, dans le premier cas le commercial devra réaliser 1,4 MF de mieux que l'objectif, dans le second 1,8 MF.

à livrer ne figurera pas non plus dans ses objectifs de facturation. Dans ce cas, il ne faudra pas aussi espérer que le nouveau commercial déploie beaucoup de zèle pour s'assurer de la bonne fin des livraisons, et qu'il assume volontiers, quand il n'a aucune contrepartie à espérer, les difficultés qui ne manquent pas de survenir lorsqu'on a affaire à des ventes complexes.

Quant au commercial qui a pris la commande et qui est réaffecté, il ne s'en ira pas vers son nouveau poste sans avoir négocié âprement une contrepartie à la non rémunération de son portefeuille non livré[39].

Bref, l'entreprise n'a pas grand-chose à y gagner.

Quand vous êtes directeur commercial et que vous subissez ce genre de plan de rémunération, c'est encore beaucoup de temps passé à essayer de trouver des compensations plus ou moins bancales pour contenter les uns et les autres.

Et puis n'épiloguons pas sur le commercial qui vous quitte avec un gros reste à livrer. Vous cumulez tous les risques : commandes « bidon », annulations, suivi du compte.

Que faire ? Le payer, ne pas le payer, payer une partie ?

Pour conclure sur ces objectifs tellement imbriqués de commandes/facturation/encaissement, et qui représentent le fondement de la rémunération variable, un bon compromis est, à mon sens, de désynchroniser objectif de commandes et objectif de facturation (ou encaissement), et de leur attribuer à chacun une prime autonome et pas nécessairement égale.

Je vous livre un « modus operandi » possible : la prime de commande doit être d'autant plus forte par rapport à la prime de facturation que le cycle vente - livraison - paiement est long, et que l'objectif de commande est élevé par rapport à l'objectif de facturation.

Par exemple, si l'objectif facturation est en général de 70 % de l'objectif de commandes, (l'inverse est très rare), pour une

---

39. Une précision : la plupart des contrats de travail précisent que les primes et rémunérations variables ne sont dues que pour autant que le titulaire est présent dans le poste lorsqu'elles arrivent à exigibilité.

prime globale de 100, 60 seront attribués à la commande, et 40 à la facturation… Ne pas descendre cependant en dessous de 30 % pour le montant de la prime à la facturation.

Sur un exercice, le commercial pourra ainsi réaliser 130 % de ses objectifs de commande et 80 % seulement de ses objectifs de facturation, ou tout autre cas de figure, y compris inverse. Il est payé en conséquence, et, à la fin de l'exercice, on solde les comptes… ce qui n'interdit pas d'incorporer dans l'objectif de l'exercice suivant le non facturé de l'exercice précédent.

Et surtout, remettre toujours les compteurs à zéro en début d'exercice.

Avec les objectifs de commande et de facturation, nous venons d'analyser les principaux éléments constitutifs de la rémunération variable. Les objectifs possibles que nous allons passer en revue maintenant, à l'exception peut-être de l'objectif marge, qui pourrait dans certaines conditions se substituer à l'objectif facturation, ne peuvent être financièrement que secondaires. Certains d'entre eux s'avéreront cependant très utiles, pour faire passer des messages, ou pour obtenir une certaine qualité de comportement. Nous verrons qu'il ne faut toutefois pas en abuser.

Marge, oui, non, quelle marge ?

La ligne directrice des entreprises doit être de gagner de l'argent sur chaque affaire réalisée. C'est sain, normal, légitime. Je ne crois pas aux concessions commerciales et au *ticket d'entrée* qui justifierait de perdre de l'argent maintenant dans l'espoir d'en gagner beaucoup Dieu sait quand…

Une fois ce principe affirmé, posons le problème : faut-il rémunérer les commerciaux sur la marge générée ?
Je n'ai pas soulevé la question de savoir si le commercial devait défendre ses marges. La réponse est à l'évidence positive, mais cela ne veut pas dire automatiquement, que la marge générée doive être prise en considération dans sa rémunération.

Un objectif de marge est-il nécessaire ?

Une question simple : est-ce que votre commercial est maître du prix qu'il propose ?

Si la réponse est oui, il n'y a pas à discuter : un objectif de marge fort s'impose. Vous pouvez même très facilement le substituer à l'objectif de facturation, et payer la prime à facturation, puisque c'est à ce moment-là que la marge réelle est définitivement établie.

Si la réponse est nuancée, voire carrément négative – le cas de la plupart des entreprises qui vendent dans les grands comptes –, si la négociation du prix est de bout en bout le privilège du directeur commercial, placé lui-même sous l'étroite surveillance du marketing et de la direction générale, il faut pousser plus loin la réflexion.

Le contexte des affaires, aujourd'hui, c'est, sauf cas particuliers et non durables, des clients omnipotents qui ont pris la fâcheuse habitude de décortiquer une bonne dizaine de propositions concurrentes – voire plus, nous promet-on avec les groupements d'achat sur Internet – avant de vous demander sans honte de vous aligner sur le meilleur de chaque offre, et, tant qu'à faire, au prix du moins disant!

Quand l'affaire est sur le point d'être conclue en votre faveur, et que vous n'achoppez plus que sur les conditions financières, s'il y a une dernière concession à faire, ce sera le privilège de la direction générale. En fait de négociation finale, c'est le client qui vous annonce « voilà mon prix, êtes vous d'accord? Oui, on signe, non, je signe avec... ».

La marge de manœuvre du commercial, dans la négociation purement financière, est alors très, très réduite, pour ne pas dire inexistante. Quant à l'idée selon laquelle il a une fâcheuse tendance à vouloir proposer le prix le plus bas, elle est un peu hâtive : les commerciaux d'expérience savent que les clients écartent autant les propositions financières trop basses que celles qui leur paraissent trop élevées[40].

Pourquoi donc alors se compliquer l'existence avec un critère de marge qui n'influence pas autant que l'on croit le comportement du commercial?

Pour rassurer la direction financière sur la motivation des commerciaux à défendre leur prix?

Pour qu'ils se sentent encore plus impliqués dans leur contribution à la rentabilité de l'entreprise, prennent conscience que s'ils veulent

---

40. Pas de contradiction avec la remarque quelques lignes plus haut sur le « moins disant ». Nous parlons de moins disant dans la fourchette des offres retenues par le client.

gagner de l'argent, il faut aussi qu'ils en fassent gagner à l'entreprise, et que ce serait une question de morale…?

Objectif de marge ou pas, la vraie interrogation concerne l'attitude de la direction générale : le commercial ayant mené l'affaire jusqu'à la négociation financière, la direction générale est-elle prête à accepter les conditions de la vente, seraient-elles plus ou moins dictées par le client? Si c'est oui, le commercial a fait son travail, il doit être rémunéré sans restriction.

Vous n'en êtes pas convaincu? Prenons deux exemples en apparence extrêmes, dans deux domaines que je connais par cœur.

Premier exemple. La vente de flottes de micro-ordinateurs.

Vu de l'extérieur, c'est une vente qui peut paraître simplisime : à preuve, vous pouvez acheter des micro-ordinateurs dans n'importe quel hypermarché.

En apparence, la vente se fait sur la conjonction produit/prix. Le commercial présente son produit, le met en valeur comme il peut, annonce un prix, et essaie au cours de la négociation de baisser le moins possible. Il y a donc tout intérêt à l'inciter à tenir son prix. Un objectif de marge s'impose.

En réalité, la vente de volumes en micro-informatique, ce n'est pas du tout ça. Elle requiert des trésors d'effort et d'imagination. Pour vendre, là comme ailleurs, il faut se différencier, mais comment?

Par le produit? Pour trouver les différences, quand il y en a, entre les produits offerts par les compétiteurs d'un appel d'offres, il faut avoir recours à des experts en électronique. Et encore, la plupart du temps, les fournisseurs proposent la même carte mère[41], le même disque dur, le même clavier, les mêmes barrettes mémoire, etc. qui présentent les mêmes performances et le même MTBF[42].

Par le prix? Les prix proposés dans les réponses aux grands appels d'offres par les différents compétiteurs sont identiques, parfois au franc près, tant les méthodes de production et de commercialisation sont voisines, et le renseignement industriel et commercial actif!

Par le service, peut-être? C'est à la mode. L'offre va certes du très mauvais à l'excellent, mais une grosse poignée d'offres se situera dans un mouchoir de poche.

---

41. En gros, c'est la carte électronique qui contient la logique du micro-ordinateur.
42. Medium Time Between Failure. Calcul de fiabilité d'un composant ou d'un produit : le temps moyen qui s'écoule entre deux pannes.

Le client, de son côté, est parfaitement au courant de toutes les innovations technologiques qui viennent tout juste de sortir, quand il n'exige pas celles qui sont encore à l'état d'annonce. Il connaît les produits aussi bien que vos laboratoires, et le marché, mieux que vous – il a sous les yeux, pour le tenir informé, dans le cas où il n'a pas trop sollicité la concurrence, au moins une dizaine de propositions – j'ai connu jusqu'à 35 propositions sollicitées par un grand groupe.

Quand, après un premier tour éliminatoire des offres marginales, le client va établir une « short-list »[43], passer aux négociations sérieuses, exiger plus de puissance, plus de dispositifs, plus de service, et un prix plus bas, comment votre commercial va-t-il pouvoir défendre la marge que vous vous êtes fixé, alors que les concurrents encore en lice vont « baisser la culotte » ?

Dans les conditions de concurrence que vit le secteur, si votre commercial met votre entreprise en mesure de remporter l'affaire, et qu'il ne reste plus qu'à s'accorder sur un prix, ce sera déjà un petit miracle – à moins, bien entendu, que vous vous appeliez Compaq ou HP, et que le client veuille absolument votre marque et soit prêt à payer pour cela.

En conclusion, si vous intervenez dans un secteur très concurrentiel dominé par les clients, et si vous voulez malgré tout faire de la marge, c'est à votre entreprise de prendre en compte les paramètres de la vente que le client a imposés, et de se « débrouiller » pour gagner de l'argent quand même, par exemple en renégociant ses contrats avec ses propres fournisseurs, en optimisant sa logistique, en augmentant la productivité des usines, en améliorant la qualité des produits pour diminuer la charge de la garantie contractuelle...
Si vous n'en êtes pas capable, vous disparaîtrez du marché, quel que soit le talent de vos commerciaux.

Deuxième exemple. La vente de prestations intellectuelles
On pourrait penser que, contrairement à l'exemple précédent, la comparaison entre les offres est rendue plus malaisée pour le client, tant les solutions proposées et les ressources peuvent être présentées de manière différente.
La marge de manœuvre du commercial, ou de l'associé lorsqu'il s'agit d'un cabinet conseil[44], peut sembler d'autant plus importante.
La réalité est toute autre, et l'offre commerciale beaucoup plus contrainte qu'il n'y paraît !
D'une part les prix « marché » des prestations intellectuelles sont connus des clients ; quant à l'estimation du coût des projets, elle est de mieux en mieux

---

43. Liste réduite des fournisseurs admis aux négociations finales.
44. La différence entre un commercial standard et un associé dans un cabinet conseil est fondamentale : le premier ne facture pas ses interventions de vente, qui sont souvent de véritables actes de conseil. Le second facture des interventions de conseil qui sont souvent de purs actes de vente.

maîtrisée – ce n'est certes pas encore parfait, mais les clients, là encore, prennent le pouvoir, et ne se laissent plus embarquer dans des aventures sans fin. D'autre part, la hiérarchie entre les « niveaux » de conseil est parfaitement assimilée par les clients, lesquels connaissent sur le bout des doigts les taux journaliers moyens acceptables pour des associés, des consultants seniors, experts, juniors... Ils savent aussi, dans la comparaison des offres, pondérer les honoraires demandés en fonction de la notoriété et des garanties offertes par le cabinet prestataire et de la qualité des intervenants.

Pour être compétitif, vous ne pourrez donc jouer que sur les prix de revient, et encore, dans l'idéal vous réussirez à optimiser les structures et le plan de charge des consultants, mais ni leur rémunération, ni les honoraires, qui sont tous deux établis par le marché.

Si, pour des raisons de disponibilité, vous affectez à un projet un consultant surdimensionné pour le travail requis, et donc d'un coût plus élevé que nécessaire, votre marge s'en ressentira, certes, mais c'est le problème de l'entreprise, pas du commercial.

Dans un secteur à priori beaucoup moins concurrentiel, et si vous voulez durer et prospérer, vous êtes aussi tenu de vous plier aux lois du marché.

Gagner de l'argent sur une affaire est de la responsabilité de *toute* l'entreprise.

Faut-il pour autant laisser la bride sur le cou au commercial et le tenir à ce point irresponsable qu'il ne fera même pas mine de défendre son prix ?

Non, bien sûr, l'entreprise ne doit pas accepter une commande qui lui ferait perdre de l'argent, en aucune circonstance, et quels que soient les bénéfices futurs que le client, plus souvent que le commercial d'ailleurs, fait miroiter.

Deux cas s'observent couramment, éclairés par les deux exemples suivants : la grande distribution, avec la pratique du « référencement », et les entreprises auto-proclamées « leaders d'opinion ».

Dans la grande distribution [45], il est courant que l'acheteur – même si vous avez mené la négociation avec la direction générale ou une direction opérationnelle, vous terminez toujours avec l'acheteur – vous demande, lors de la négociation du contrat, un effort particulier, très particulier, si particulier que vous vendez à perte, ou au mieux à prix coûtant, pour obtenir en échange de votre bonne

---

45. On tape beaucoup sur la grande distribution en ce moment, mais ce n'est pas forcément entièrement injustifié.

volonté le sésame qui vous ouvrira la caverne d'Ali Baba, le fameux « référencement ».

Acceptez cette concession, et vous serez référencé dans tout le groupe (export inclus, si votre entreprise dispose d'une couverture internationale), ce qui signifie que chaque fois qu'un nouveau besoin apparaîtra, partout dans l'Univers, vous serez consulté, votre offre considérée avec bienveillance, et, bien entendu, vous pourrez, une fois vos preuves faites, cela va de soi, relever vos tarifs privilégiés et gagner de l'argent... pas tout de suite, dans 6 mois, dans un an... ou peut-être jamais.

Quant à l'entreprise très représentative – dixit votre client – de son secteur, avec laquelle vous allez monter une solution industrielle ou informatique complète, qui va demander deux ans de développement mais que les autres entreprises vont s'arracher, et à qui vous allez consentir, en échange de sa connaissance irremplaçable du métier, d'énormes avantages, en définitive dérisoires par rapport au gain escompté – dixit toujours le client – Eh bien, tout cela, si vous voulez m'en croire et me suivre, du balai! Foin de ces pratiques détestables. Avec la grande distribution, si vous ne gagnez pas d'argent au début, vous n'en gagnerez jamais. Avec les entreprises soi-disant représentatives, la plupart du temps, vous aurez fait développer une solution qui conviendra parfaitement à votre client, et pour cause, mais qui ne conviendra qu'à lui, parce que vous aurez réglé ses problèmes à lui, pas ceux de sa profession!

Le travail du commercial est d'amener des affaires saines. Si vous acceptez l'une des affaires que nous venons d'évoquer, alors la marge ne sera plus son problème.

Saisir une opportunité commerciale pour entrer sur un nouveau marché, acquérir une compétence et un savoir-faire, développer de nouveaux produits, oui! par le biais d'investissements décidés par la direction générale et contrôlés par le marketing, pas en laissant mener l'opération par le commercial qui a fait remonter l'opportunité.

Et ne me faites pas un procès d'intention : c'est très souvent du terrain que viennent les meilleures opportunités de développement de l'entreprise, mais c'est le métier du marketing de les exploiter : la tentation de faire financer un développement, en l'imputant sur une première affaire commerciale, et non sur le budget idoine, aboutit à modifier la répartition des responsabilités dans l'entreprise et à se priver des compétences qui sont payées pour apprécier la pertinence d'un investissement. Tout en faisant assumer par le commercial une tâche pour laquelle il n'est pas payé et pour laquelle il n'a pas la compétence nécessaire.

Le mix produits

Donner les objectifs le plus détaillés possibles des quantités à vendre par produit, si possible phasés par trimestre, par mois, voire par semaine, régler ainsi d'un seul coup les problèmes de production usine, de stocks, de trésorerie, planifier à coup sûr les recrutements et les investissements nécessaires, négocier au plus juste, en optimisant les commandes, les prix les mieux adaptés auprès des fournisseurs... Quel rêve merveilleux..., sauf que le commercial vend la plupart du temps ce qu'on veut bien lui acheter et pas toujours ce que les usines se sont préparées à produire.

Profitons du thème du « mix-produits » pour balayer deux autres idées reçues sur le commercial, la grille de rémunération n'en sera que plus nette.

Non, le commercial ne va pas à la facilité, dans le sens où il vendrait ce qui lui pose le moins de problème et lui permet de gagner le plus d'argent, à lui. En réalité, il vend ce qu'il a l'opportunité de vendre. Si c'est compliqué, il s'en·arrangera, si c'est peu rémunérateur, il ne crachera pas dessus pour autant.

Non, un très bon commercial ne parviendra pas à vendre un très mauvais produit à un grand compte, quel que soit le « challenge »[46] et l'intéressement promis : un très mauvais commercial parviendra tout de même à vendre de temps en temps un très bon produit, probablement dans un volume inférieur à celui que générerait un bon commercial, mais avec infiniment plus de réussite qu'un bon commercial tentant de placer un mauvais produit !

Pour en revenir à l'utilité d'un objectif et d'une rémunération variable sur le mix produits, il me semble donc que le jeu n'en vaut la chandelle que si votre offre est constituée de grandes catégories de produits et services aux marges très différenciées. Par exemple des matériels électroniques à faible marge, des solutions applicatives standardisées à très forte marge, des développements spécifiques, de la formation et de la maintenance à marge moyenne.

---

46. Pour regrettable que ce soit, le mot challenge, qui est la traduction anglaise de « défi » se trouve maintenant dans le Larousse.

N'essayez pas cependant de trop décliner le concept, vous aboutiriez rapidement à une complexité telle que plus personne n'y comprendrait rien.

Quant au besoin d'anticipation de la production, c'est le rôle du reporting : dans une société où le client est roi, ce ne sont pas les usines qui décident de ce qu'elles vont produire, ce sont les clients qui décident de ce qu'ils souhaitent acheter.

Les résultats de l'entreprise ou du département

Dans les métiers commerciaux auprès des grands comptes, un intéressement aux « résultats globaux » du département ou de l'entreprise, qui devrait être modeste encore que significatif – pas plus de 15 % de la rémunération variable, tout de même –, est un excellent moyen de rappeler à votre commercial un peu trop indépendant qu'il fait partie d'une équipe, laquelle, certes, serait impuissante sans lui, mais qu'à contrario lui n'arriverait à rien sans elle.
C'est un moyen aussi de lui faire comprendre qu'en échange de sa proximité avec la direction générale, il est juste qu'il assume comme elle une partie du risque (et de l'opportunité) d'entreprise.

Dans nombre de cas, l'intéressement au résultat de l'entreprise remplace avantageusement le critère de marge, dans la mesure où il atteint un de ses objectifs, celui de sensibiliser le commercial aux résultats de l'entreprise ! Mais il ne s'agit pas de substituer peu à peu ce critère aux critères de résultats personnels du commercial.

Bien entendu, si des mécanismes d'intéressement des salariés existent dans l'entreprise, l'objectif est sans objet. S'ils n'existent pas, l'objectif lié aux résultats de l'entreprise est un bon moyen de faire adhérer à une vision d'ensemble des catégories de personnels proches de la vente – administration commerciale, technico-commerciaux, services de maintenance –, avant d'en généraliser le principe à tous les salariés.

Les qualités personnelles

Mon propos n'est pas d'énumérer ici tous les indicateurs de qualité possibles et imaginables.

Dans les critères dits de qualité, dont sont friands les conseils en rémunération, on retrouve cependant des constantes : nombre de visites effectuées chez les clients, chez les prospects, nombre de propositions émises, nombre d'affaires « short listées », ponctualité dans la remise des rapports hebdomadaires et mensuels, respect des budgets de frais commerciaux, qualité des courriers émis, aptitude à suivre la politique de l'entreprise...

On peut s'amuser à les mettre en rapport les uns avec les autres, en compliquant, par exemple : affaires réussies/affaires short listées/propositions/nombre de visites... L'imagination des bureaucrato-managers est sans limite.

Vous l'avez compris, je ne suis pas un adepte convaincu des critères de qualité personnelle.

Ce sont dans tous les cas des critères à manipuler avec beaucoup de précautions, comme tout ce qui, ne pouvant pas être objectivement évalué, donne lieu à spéculation.

Tenez, par exemple, dans les ratios cités plus haut, rien n'est plus facile que de gonfler un rapport hebdomadaire de visites bidon, d'émettre des propositions non réellement sollicitées, et même de faire croire pendant un temps à son manager qu'on est « short listé » sur une superbe affaire. Il suffit de ne pas envisager un long séjour dans l'entreprise. Heureusement, pour simuler des commandes, c'est un peu plus difficile!

Quant à la qualité et la ponctualité des documents produits, si un commercial n'en voit l'intérêt qu'en tant que prime à la bonne administration de ses affaires, son manager et lui ont du souci à se faire!

En pratique, et à condition d'être très confiant dans le jugement du management commercial, les critères de qualité sont utiles pour bâtir les plans de rémunération de jeunes commerciaux à qui on confie des territoires nouveaux. Une prime adossée à la qualité du travail fourni donne au management les moyens (et lui demande l'effort aussi) de juger le jeune commercial sur son aptitude, son efficacité et son état d'esprit, alors que les résultats concrets n'arrivent pas encore, et de l'encourager quand celui-ci le mérite.

Mais de là à vouloir à tout prix apprécier la qualité des prestations fournies par les commerciaux confirmés! À quoi cela servirait-il?

Pour ceux qui atteignent leurs objectifs, pensez-vous qu'il soit imaginable de leur refuser leur éventuelle prime de qualité s'il en existe une? Et pour ceux qui ne les atteignent pas, allez-vous saluer leur manque d'efficacité par une prime de qualité des résultats non obtenus?

Ce serait paradoxal, avouez?

La satisfaction Client

La satisfaction du client, c'est très à la mode, comme si on découvrait seulement maintenant que le client est important. On vient même d'inventer un concept en anglais, le « customer relationship management (CRM pour les initiés), ce qui signifie exactement la même chose, mais en plus américain, et associé à une solution informatique, donc en mieux.

Pour moi, qualité et satisfaction du client sont indissociables, et sont la base de la réussite commerciale. Si le client n'est pas content du commercial, il n'y aura plus d'affaires, ce critère est un pléonasme.

Enfin, si la mesure de la satisfaction des clients est obtenue par les enquêtes du même nom, autant donner à tout le monde la prime correspondante, ce sera du temps et de l'argent de gagnés, tant ces enquêtes sont en général partiales et partielles[47] !

L'objectif minimum de commande ou de facturation

Il n'y a aucune raison pour que la prime d'objectif soit proportionnelle au résultat obtenu. Il ne serait pas raisonnable non plus qu'un commercial qui resterait très en deçà de son objectif de commandes ou de chiffre d'affaires se voie attribuer une prime récompensant son assiduité au bureau ou le respect de son budget de frais. Il est donc recommandé que les plans de rémunération incluent une clause qui subordonne le versement des primes à l'atteinte d'une portion significative de l'objectif de commandes et (ou) de facturation.

> Voici une façon de procéder, mais il y en a d'autres :
> Aucune prime, quelle qu'elle soit, en dessous de 50 % de l'objectif de commande.
> Pour les primes quantifiables, c'est-à-dire liées aux commandes, à la facturation

---

47. Voir la grande consultation des clients de la BNP - mars 2001 - un modèle du genre!

(ou à la marge) :	1 % de 51 à 65 %
	2 % de 66 à 85 %
	3 % de 86 à 100 %
De nouveau :	1 % de 101 à 120 %
	2 % de 121 à 160 %
	3 % de 161 à 200 %
Retour à :	1 % au delà de 200 %

Dans cet exemple, le variable tous objectifs atteints mais non dépassés représenterait un tiers de la rémunération globale du commercial. *L'ensemble variable + fixe exigible est limité* à 2 fois le salaire fixe + 100 % du variable tous objectifs atteints.

Illustration : pour un salaire tous objectifs atteints de 600 kF (soit 400 kF fixe + 200 kF variable), le salaire maximum possible sera de 2 x 600 kF, soit 1 200 kF.

Vous noterez ici la forte incidence sur la prime de l'approche de l'objectif, puis un retour à la parité jusqu'à 120 %. L'interprétation est que manifestement, la direction estime que ses commerciaux disposent des moyens pour atteindre normalement 100 à 120 % de l'objectif, et qu'une incitation particulière n'est pas nécessaire jusque-là.

Une analyse cinétique démontrerait que la poussée que le commercial subit pour atteindre son objectif lui permet du même élan de continuer jusqu'à 120 %, mais que pour aller au-delà il a besoin d'être relancé.

C'est en jouant finement sur ce mécanisme de levier qu'on parvient, comme dans l'exemple précédent, à obtenir de tous les acteurs commerciaux qu'ils poursuivent leur effort jusqu'au bout de l'exercice, les meilleurs comme les moins bons, par l'effet d'augmentation considérable de la valeur d'un point supplémentaire acquis lorsqu'on se rapproche de l'objectif, puis lorsqu'on le dépasse nettement.

Ce mécanisme permet aussi de contrôler la masse salariale commerciale, la sur-rémunération des très bons résultats et la non-rémunération des très mauvais s'équilibrant par construction, le but étant que le département commercial réalise 100 % de ses objectifs, et reçoive en échange 100 % du budget de rémunération prévue, ou qu'il en réalise plus s'il en reçoit plus, pas qu'il dépasse son budget de rémunération, et qu'il reste en dessous de son budget de facturation...

Le nouveau client

J'ai repoussé l'analyse de ce critère jusqu'à la fin, parce qu'il m'embarrasse. Avant toute réflexion en profondeur, récompenser le commercial qui ouvre un nouveau compte, j'aurais tendance à être cent fois pour ! En y regardant d'un peu plus près, je crains que les inconvénients ne l'emportent sur les avantages.

D'abord, ouvrir des comptes, c'est le premier travail du commercial. C'est essentiellement pour cela qu'il est payé. Prévoir une rémunération particulière, c'est ancrer l'idée que l'ouverture de nouveau compte est un événement exceptionnel. J'ai vu mettre ce critère en œuvre dans des organisations qui essayaient de rééquilibrer les rémunérations entre « éleveurs » grassement payés, que j'appelle aussi sénateurs, et « chasseurs » mal payés. Ça ne me paraît pas la meilleure réponse au problème.

Pour ceux qui hésiteraient tout de même, la mise en application est très compliquée, et génératrice d'autant de frustrations que de satisfactions. Pêle-mêle, quelques questions :

– Qu'est-ce qu'un nouveau compte ? Une filiale d'un compte client, un nouveau département d'un grand compte, un compte perdu (depuis combien de temps) et repris doivent-ils être considérés comme nouveaux ?

– Quelle rémunération ? Une prime spécifique, d'un montant fixe, quel que soit le chiffre d'affaires généré ? ou variable, calculée au pourcentage du chiffre d'affaires ? ou encore sous forme d'accélérateur de la prime d'objectif ?

– Si la prime dépend du chiffre d'affaires généré, à partir de quand, et combien de temps, un compte est-il considéré comme nouveau ?

… Finalement, ne va-t-on pas obtenir le résultat inverse à l'effet recherché ?

Dans le prochain chapitre, je propose une autre solution : garder une part de prospection pour tous les commerciaux.

Pour conclure sur les critères de rémunération du variable, vous avez pu toucher du doigt combien il est difficile de maîtriser tous les paramètres possibles.

Si, dans les entreprises que j'ai connues, j'avais dû décider de la rémunération variable, et *à l'exception des territoires de pure prospection* qui méritent un traitement particulier,

je m'en serais tenu presque à tout coup à deux tiers de fixe et un tiers de variable, appuyés sur un panachage des objectifs commandes et chiffre d'affaires personnels, et, pour 10 % du variable, selon l'importance du rôle de l'équipe commerciale, sur les résultats du département. Je n'aurais pas omis de prévoir un effet levier pour la prime, et d'en limiter le montant maximum.

En complétant le dispositif par une répartition équitable des territoires entre les commerciaux, il me semble que c'est encore le système qui présente le moins d'inconvénients, tout en étant d'une mise en œuvre relativement facile et peu contestable.

Mais il faut encore en venir à une dernière question, que j'aurais aimé discrètement éluder, parce que je n'ai pas de réponse satisfaisante, mais que malheureusement ma conscience professionnelle m'oblige à poser :

Quand payer le variable ?

Qu'il est loin le bon temps où cette question épineuse ne se posait pas, quand le VRP, multicartes et non salarié, touchait un pourcentage fixe de ce qu'il vendait.

Il vendait beaucoup, il recevait gros, il vendait peu, il recevait maigre… et il était payé quand la traite du client était escomptée. On incluait dans le prix de vente le pourcentage de commission qu'il faudrait verser au VRP, les frais financiers du « papier », et le tour était joué… Pourquoi aurait-on mis la pression, comme on dit maintenant, sur les VRP ? De toute façon, on ne savait pas fabriquer toutes les commandes qu'ils rapportaient.

C'était le temps béni où la concurrence n'existait pas, où les clients ne discutaient pas les prix où les besoins étaient plus forts que l'offre… Inutile de s'éterniser là-dessus, ça nous ferait du mal.

Aujourd'hui, la tendance générale est à une diminution de la part du variable dans la rémunération du commercial, et de sa rémunération globale d'ailleurs.

Les entreprises qui proposent encore un variable de 50 % de la rémunération totale à objectifs atteints se font rares, et les commerciaux qui acceptent ce genre de contrat introuvables.

On en serait plutôt de 20 % à 30 % de variable dans la plupart des organisations.

Il y a de bonnes raisons à cela, notamment le fait que le rôle du commercial grands comptes a évolué en même temps que ses clients se sont structurés pour réaliser leurs appels d'offres, que la réalisation du chiffre d'affaires implique de plus en plus de personnes, et pas seulement le commercial et le produit à vendre, que la concurrence est de plus en plus rude et les résultats aléatoires…

Et comme les fournisseurs n'ont pas trop le choix des armes, le principe que je vous conseille d'appliquer à la rémunération variable, c'est de *ne verser d'avances que contraint et forcé*, autant dire, pratiquement, dans tous les cas.

Pour autant que la part variable de la rémunération des commerciaux soit conséquente (à partir de 20 % de la rémunération globale), vous n'échapperez pas au jeu soit des avances, soit de la saisonnalisation des objectifs, ce qui revient au même.

Voyons un peu les inconvénients du système, et il y en a :

Les avances sur prime : donner c'est donner, reprendre c'est voler !

Vous vous en doutez, si vous accordez une avance à un commercial et qu'en fin d'exercice il n'atteint pas un objectif suffisant pour au moins l'effacer, de deux choses l'une, ou bien vous voulez vous en défaire, et le jeu des avances va vous servir à négocier un départ en douceur, ou bien vous voulez le garder, et vous serez amené à lui faire « cadeau » de la partie de l'avance que ses réalisations n'ont pu compenser.

Autre élément à prendre en compte, quand vous instituez le principe des avances sur commissions, vous aurez du mal à le réserver à certains, et donc à ne pas le généraliser, quels que soient vos bons motifs.

Quand vous saisonnalisez les objectifs, par exemple au trimestre, avec cumuls à 6, 9 et 12 mois, vous versez des commissions qui sont en principe acquises en fonction d'objectifs intermédiaires.

Sauf que...

Exemple 1. Sauf qu'un scénario classique, c'est le commercial qui réalise largement ses objectifs de commande du premier trimestre de l'année, parce que son gros client a passé dès janvier une commande cadre pour l'année.

Ce chanceux va se voir décompter un variable conséquent sur son salaire d'avril, lié à son objectif de commandes, (il a réalisé à fin mars 150 % de l'objectif du premier trimestre) disons 40 % de sa prime globale annuelle[48].

Mettons qu'il ne fasse plus grand-chose le reste de l'année, il aura touché encore un bon petit quelque chose au deuxième trimestre, grâce aux livraisons de sa commande du premier trimestre. Avec le jeu des bonifications pour dépassement des objectifs intermédiaires, fin du deuxième trimestre, il aura touché peut-être 70 % de sa prime, en ayant atteint moins de 50 % de son objectif annuel.

Au troisième trimestre, son portefeuille de perspectives s'est vidé, il ne fait plus rien et il ne touche plus rien (il commence à faire plutôt grise mine, le camarade). En fin d'exercice, il est à peine à 50 % de l'objectif global. Il lui faudra rembourser les primes qu'il n'avait pas volées mais bel et bien gagnées à un moment, et qui deviennent caduques en fin d'année.

Vous avez la même décision à prendre que dans le cas des avances : exiger le remboursement ou laisser glisser?

Exemple 2. Prenons maintenant un cas plus épineux.

Ce commercial, apprécié, démarre mal l'année, pour toutes les raisons du monde : parce qu'il n'a pas la chance qu'un gros client lui passe commande au premier trimestre, parce que bien qu'il se soit battu comme un chien, il n'a pas pu gagner la grosse affaire qu'il espérait et que dans un excès d'optimisme on l'avait intégrée dans ses objectifs, parce qu'il a eu une annulation de l'année précédente, parce qu'il a été souffrant, cela peut arriver.

Bref, un premier trimestre « sans ». Mais c'est un bon, un consciencieux, il va se battre pour remonter la pente sur le deuxième trimestre. À fin juin il atteint 34 % de l'objectif annuel, ce qui est honorable, compte tenu qu'il a fait 0 % au premier trimestre.

Pas de chance, il est encore, et de peu, en dessous du droit à prime.

Avec les vacances et le ralentissement des affaires, il aura atteint 45 % à fin septembre, ce qui ne lui donne toujours pas droit à variable. Pas découragé, il va terminer l'année à 70 % de l'objectif, mieux que dans l'exemple précédent. Ce commercial qui s'est battu toute l'année et qui n'a perdu que son premier trimestre, n'aura touché qu'une prime symbolique, ce qui est la loi, donc juste, alors que votre commercial précédent, à 50 % de ses objectifs, aura vécu toute

---

48. J'ai repris peu ou prou l'exemple de calcul de prime lié à l'objectif minimum.

l'année sur son succès de janvier, touché une bonne partie de sa prime annuelle, qu'il ne restituera vraisemblablement pas.

Ces deux exemples sont du vécu de tous les ans.

Soyez certain cependant que dans la réalité, le manager aura trouvé un moyen d'encourager d'une manière ou d'une autre son commercial momentanément malchanceux (la malchance ne peut pas être un phénomène durable chez un commercial, ou alors il faut qu'il change de métier), pour ne pas le perdre.

Alors quelle solution ?

Vous allez avoir le sentiment que je m'en tire par une pirouette, mais, en toute honnêteté, je ne vois pas d'autre réponse :

Il faut fixer des objectifs accessibles à des commerciaux normalement motivés pour les réaliser !

Encore une fois, *la non atteinte des objectifs* (c'est-à-dire en dehors de la fourchette 80-120 %) *par un commercial ou par un service commercial doit être l'exception, non la règle.*

Et c'est, n'en déplaise aux « Monsieur + », en respectant cette règle élémentaire que les managers auront le moins de problèmes à régler.

Bien entendu, des cas comme ceux que j'ai cités ci-dessus se produiront toujours. *Ce n'est pas un problème de les traiter, s'ils sont l'exception.*

Dès qu'on sent qu'ils vont survenir, il ne faut pas hésiter à en mesurer les conséquences prévisibles, et prendre les mesures qui s'imposent : par exemple, si l'entreprise a une part importante de responsabilité dans l'échec d'une affaire intégrée dans les objectifs de l'année, autant compenser tout de suite, ou jouer sur la durée de la relation entre l'entreprise et le commercial, affecter un compte plus juteux que le directeur commercial aura pris soin de se réserver justement pour cela... Les solutions ne manquent pas, qui ne mettent pas la cohérence de l'entreprise en péril, et qui ne relèvent plus du plan de rémunération, mais des attributions normales du management commercial.

L'essentiel, pour moi... et peut-être pour vous aussi

Établir le « package » commercial, objectifs, rémunération globale et territoire, est l'élément essentiel du premier devoir du Manager vis-à-vis de ses commerciaux : le devoir d'équité.

Comme il est impossible, et qu'il n'est pas de l'intérêt de l'entreprise de répartir entre commerciaux de même niveau d'ancienneté et de compétences des territoires rigoureusement identiques, le rôle des managers est de rétablir les chances de chacun, en affectant une pondération des objectifs et de la rémunération en fonction de la difficulté et du potentiel des territoires attribués.

1 – Une rémunération fixe transparente :
Établir, s'il elle n'existe pas encore, une grille de rémunération qui tienne compte : des compétences, de l'expérience et de l'ancienneté pour définir les catégories de commerciaux ; de la réussite individuelle et des responsabilités de chiffre d'affaires pour la fourchette dans la catégorie.
Ne déroger sous aucun prétexte à cette grille, s'agirait-il de recruter un commercial d'exception... ou changer la grille, si personne ne veut venir ou rester chez vous.
Faire entrer tout le monde dans la grille, progressivement, sans régression. Une erreur trop souvent commise est de limiter les augmentations de ceux qui se trouvent au-dessus de la grille, en oubliant d'ajuster ceux qui se trouvent en dessous (et qui ne sont pas forcément les plus mauvais).

2 – La rémunération variable doit être efficace.
Trop importante, elle met le commercial dans une situation financière précaire qui l'incite à chercher ailleurs dès qu'il a une baisse de régime.
Trop faible, et le commercial prospectera moins, et sans conviction.
Les grandes organisations commerciales s'accordent à quelque chose près sur 2/3 de fixe, 1/3 de variable.

3 – Bannir les rémunérations au %, qui favorisent exagérément les « bons » territoires plutôt que les bons commerciaux, et fixer des

...

...

primes d'objectifs, qui donnent une marge de manœuvre plus importante au manager.

La prime d'objectif est liée à l'atteinte de l'objectif, et déconnectée du montant de l'objectif : la prime est fonction de la qualité du commercial (sa situation dans la grille de rémunération), l'objectif est fonction du potentiel et du risque du territoire.

Le montant de la prime est le même pour une même catégorie de la grille de rémunération ; en pourcentage du fixe, la prime sera un peu plus ou un peu moins importante selon que l'on se situe en bas ou en haut de la fourchette. Par contre, elle diffère d'une catégorie à une autre.

4 – Simplifier le plan de rémunération variable en limitant les critères d'attribution de la prime d'objectifs.

L'essentiel de la prime doit être constitué par l'objectif de commande et (ou) de facturation. Les deux si plusieurs mois s'écoulent entre commande et facturation ; facturation seulement si les commandes sont livrées immédiatement.

Limiter les autres critères possibles à ceux qui présentent un réel intérêt pour l'entreprise.

Garder à l'esprit qu'il est plus facile d'ajouter au plan de rémunération un critère favorable au commercial ou de supprimer un critère qui lui est défavorable que l'inverse.

Critères plutôt favorables :	Objectif de commande
	Prime nouveau client
	Satisfaction client
	Accélérateur
Critères plutôt défavorables :	Objectif de facturation
	ou de règlement client
	Seuil de versement de prime
	Mix produits
Critères neutres ou à double effet :	Qualité personnelle
	Marge
	Résultats de l'entreprise
	ou du département

L'entreprise a toujours intérêt à fixer des objectifs qui permettent de « remettre les compteurs à zéro » en début de nouvel exercice.

...

© Éditions d'Organisation

...

5 – Fixer un plancher et un plafond à la prime globale d'objectifs. Verser les primes « principales » (objectif de commande ou facturation) à partir d'un pourcentage raisonnable d'atteinte de l'objectif (voir exemple de calcul « objectif minimum... », pages 68/69), et jouer sur les effets d'accélération pour que vos commerciaux donnent le meilleur, quelle que soit leur situation.

Ne pas verser les primes « secondaires » si le seuil de réalisation donnant droit au versement de la prime « principale » n'a pas été atteint.

Limiter la rémunération globale à « x » fois le fixe + variable à 100 % des objectifs. Au-delà, vous ne récompenseriez plus le travail du commercial, mais vous paieriez une erreur d'appréciation.

6 – Prévoir un plan de rémunération particulier, pendant un temps limité (en fonction des cycles de vente de votre métier), pour les nouveaux commerciaux, jeunes ou confirmés, à qui vous confiez des territoires de pure prospection, plutôt que garantir un minimum de rémunération, très compliqué à gérer, et peu incitatif.

C'est le principe du parcours d'intégration : des objectifs quantifiables, mois par mois : prises de contact, assimilation de la formation, nombre de propositions, qualité des dossiers préparés...

7 – Fixer les objectifs avec les commerciaux
Comptez sur leur penchant à extérioriser : un vrai commercial ne cache pas ses opportunités.
Demandez-leur de présenter leurs prévisions pour l'exercice suivant devant leurs collègues.
Jouez le jeu : s'ils se montrent trop enthousiastes, n'en profitez pas pour les accabler.

8 – Fixer des objectifs réalistes
Une grosse majorité des commerciaux doit se situer dans la fourchette 80 – 120 % des objectifs. En dessous, c'est un accident, ou une erreur de recrutement. Au-dessus, de la chance (il en faut).
Si une petite minorité se retrouve systématiquement au-dessus de 120 %, et une grosse majorité en dessous de 80 %, alors posez-vous la question de la compétence du management.

Chapitre 3

Principes pour l'attribution du territoire commercial

Il ne s'agit pas ici de l'organisation des territoires commerciaux, le sujet serait trop vaste s'il fallait en balayer tous les cas de figure, mais des principes que je vous recommande d'appliquer lors de l'attribution des territoires aux commerciaux [49].

Commençons comme il se doit par présenter les éléments constitutifs du territoire :

Un territoire commercial est constitué de trois éléments de base : *la géographie* (le terrain couvert), *l'offre* (les lignes de produits autorisées au vendeur), et *le client* (dans quelles entreprises peut-il vendre).

À priori, une personne non avertie s'autoriserait à penser que ce n'est pas bien sorcier de définir ces trois paramètres pour chaque commercial.

Mais la réalité est toute autre!

C'est que, en commercial, toute innovation qui donne une longueur d'avance sur les concurrents est pain béni. Et la créativité des managers et surtout celle des cabinets d'organisation qui les conseillent (rendons à César ce qui appartient à Mckinsey et consorts), quand il s'agit de tout chambouler sous prétexte d'avantage compétitif, ne rencontre ni limite ni opposition.

En la matière, j'ai vu pour ma part le meilleur et le pire, je n'ai pas la

---

49. Pour l'organisation des forces de vente, vous vous reporterez au chapitre 5. Il vous aurait peut-être semblé plus logique que je commence par l'organisation commerciale avant de parler d'attribution de territoires. En pratique, la genèse des entreprises est bel et bien conforme au choix de présentation que j'ai retenu : d'abord on essaie de vendre, ensuite seulement, le succès se dessinant, on se structure.

prétention d'avoir fait le tour de la question, je m'attends encore à des surprises, mais le summum à ce jour, il me semble que nous l'avons atteint dans le début des années 90 en France, avec l'organisation matricielle[50] du réseau commercial, toute droite importée des USA.

Que voilà une belle machine à perdre, cette organisation matricielle, quand on veut la plaquer sans discernement sur des organisations que l'on n'a pas préparées, ou, plus grave, pour lesquelles les inconvénients concrets l'emportent sur les avantages supposés !

Jugez-en : les grands fournisseurs de technologie, pour être certains de ratisser le plus large et le plus fin possible, et au nom de l'efficacité optimale de leurs ressources, ont imaginé de faire cohabiter et collaborer des organisations commerciales aux structures, aux profils et aux ***objectifs différents et concurrents*** (les maîtres à penser du système utilisaient les termes de « complémentarité » et « synergie », tu parles !), en se contentant de changer les organigrammes, sans toucher ni aux procédures ni aux modes d'évaluation des hommes, entre autres, et sans aucun accompagnement.

Pour faire bonne mesure, le processus a été compliqué par la transformation parallèle et antinomique[51] du Service Client en centres multiples et concurrents de profit !

L'organisation matricielle a fait et fait toujours des ravages dans les entreprises mal préparées. En ce qui concerne le commercial, cela donnait à peu près l'organisation suivante :

D'une part des commerciaux à couverture régionale tous marchés, tous produits, à l'exception de marchés et de produits nommément dédiés, mais avec des exceptions historiques,

D'autre part des commerciaux à couverture nationale tous marchés, une ligne de produits, à l'exception de marchés nommément dédiés, et, parfois, d'implantations régionales historiques,

Enfin, des commerciaux à couverture nationale, un marché tous produits, à l'exception, toutefois, de produits dédiés, et d'implantations régionales historiques !

---

50. S'est-il agi réellement d'organisation matricielle, ou la pensée matricielle originelle a-t-elle accouché d'un monstre ? Quoi qu'il en soit, c'est comme cela qu'elle nous a été présentée.

51. Je dis « antinomique » parce qu'une bonne organisation matricielle présuppose que tout le monde a bien compris que l'intérêt supérieur de l'entreprise prévaut sur les intérêts particuliers. Or les centres de profit, dans la pratique, c'est « j'atteins mes objectifs coûte que coûte, le reste n'est pas mon problème… ». Un exemple vécu : un directeur du service client, qui fait perdre plusieurs millions à l'entreprise, pour lui, espérer (même pas certain) gagner quelques centaines de milliers de francs !

Ces commerciaux dépendant le plus souvent hiérarchiquement de leur organisation territoriale, et fonctionnellement du responsable national du compte client sur lequel ils intervenaient, la seconde dépendance ne chassant pas la première et vice-versa.

Avez-vous compris quelque chose au système? Non? Rassurez vous, les clients et les commerciaux non plus...

Et je vous passe l'organisation parallèle du support client : quelle structure intervient en avant-vente? Qui paie l'intervention du support (le système génère plus de facturation interne entre services que de facturation vers les clients)? Qui est responsable du devis? Qui forme les ressources nécessaires? Qui met en œuvre la solution proposée?

Chez IBM et consorts, on n'en est pas encore tout à fait remis!

Morale provisoire : l'innovation en matière d'organisation commerciale, comme en toute autre matière, d'ailleurs, ne devrait pas être systématiquement synonyme de complication. Et encore moins de concurrence. Moins les commerciaux auront à se battre pour préserver leur territoire contre les *prédateurs internes,* plus vous leur laisserez de temps et d'énergie pour qu'ils imposent votre entreprise sur les marchés que vous voulez préserver ou conquérir.

Donc, innovez tant que vous voudrez, mais, s'il vous plaît, respectez les trois principes que je vous soumets maintenant :

`Premier Principe`

Un client, un commercial responsable tous produits tout terrain!

Simplifiez la vie de vos clients

L'organisation commerciale, avant tout savoir-faire technique, est une affaire de bon sens. Tenez, une bonne façon d'entrer dans le vif du sujet d'un diagnostic de forces commerciales importantes est de demander à brûle-pourpoint à vos interlocuteurs à travers l'entreprise s'ils savent quel département commercial, et qui dans le département est responsable de tel ou tel grand client. Pour surprenant que cela puisse paraître, lorsque vous posez la question, la réponse n'arrive pas toujours avec la spontanéité et la clarté qui révéleraient la maîtrise du sujet, même chez les commerciaux que vous interrogez.

Eh bien soyez persuadé que si votre organisation est confuse pour vos propres collaborateurs, elle le sera encore plus pour vos clients, et que c'est désastreux pour l'image de votre entreprise. Sans compter que les clients en auront rapidement assez de jouer à deviner qui fait quoi chez vous !

Face au client, il est indispensable de simplifier vos organigrammes.

Entrons dans le concret

Vous êtes le service Achats d'AUCHAN, de CARREFOUR, du CRÉDIT LYONNAIS, de PEUGEOT, de FRANCE TELECOM,… vous gérez des centaines, voire des milliers de fournisseurs, des milliers, voire des dizaines de milliers de références. Accepteriez-vous d'avoir à prendre en compte 3, 4, 5… services commerciaux différents pour chaque fournisseur référencé, avec tout ce que cela implique en termes de relationnel, gestion des commandes, suivi de factures… ? Admettons que oui, recevoir des fournisseurs, après tout, c'est le métier des acheteurs.

Mais poursuivons le raisonnement, vous êtes responsable informatique de la SNCF ou de la BNP, vous accorderiez un rendez-vous à la toute jeune commerciale Sylvie DURAND qui est si mignonne, de la société STAR, chargée des produits bureautiques, puis vous recevriez Jean DOIN, de la même société, responsable des produits télécom ; débarquera ensuite dans votre bureau le vétéran Pierre KIPLEUR, pour vous entretenir du dernier logiciel de back office que STAR commercialise, et enfin Henri PAUMET, dont on ne sait trop ce qu'il fabrique chez STAR et qui passait par là, a vu de la lumière et demande s'il y a quelque chose pour votre service ?

Vous pensez que j'exagère ? Sans aller jusqu'à du matriciel, c'est pourtant le système que certains fournisseurs ont cru (et croient parfois encore) pouvoir imposer à leurs clients. Ils n'ont pas été déçus du retour d'expérience, même les plus grands !

Revenons au B-A, BA du métier de fournisseur : faciliter la vie des clients !

Si plusieurs intervenants sont nécessaires, auprès de services et d'interlocuteurs différents chez le client, chacun agit à son niveau sous le contrôle et la dictée du commercial Responsable[52] ! En dehors de cette règle, ce qu'on percevra de votre entreprise, c'est la cacophonie des forêts subtropicales au petit matin ; les cris des oiseaux, c'est beau, émouvant, ça vous prend aux tripes, mais ça ne vous donne pas envie d'y habiter.

Cela dit, la géographie, les produits, les clients peuvent imposer que cohabitent des forces commerciales, internes ou externes, aux objectifs différents. Sans déroger au principe « un client, un commercial responsable », voyons ce qu'il faut en penser.

La cohabitation de forces commerciales

Envisageons en premier lieu les problèmes qui pourraient survenir d'une organisation dont les forces commerciales régionales plutôt orientées moyennes entreprises cohabitent avec des forces nationales spécialisées dans un type de clientèle plutôt grands comptes, organisation ***line of business,*** comme disent les Américains.

En dehors de la rancœur que peut provoquer le passage pas toujours très modeste du commercial de l'organisation nationale à l'agence régionale, à l'occasion de la visite protocolaire qu'il rend à la grosse direction locale de son gros client parisien (laquelle direction locale fait saliver d'envie les commerciaux locaux – ah, s'ils l'avaient comme client, comme ils la bichonneraient, eux, et tout le chiffre d'affaires que le commercial de Paris manque et qu'ils réaliseraient, eux), il n'y a aucune raison pour que l'organisation cafouille.

Une telle organisation de principe est donc parfaitement viable, pour autant que l'offre du fournisseur justifie une organisation commerciale nationale orientée « grands comptes », et une organisation régionale en prise avec le tissu économique local.

Il suffit alors de spécifier clairement aux uns et aux autres leur périmètre d'intervention. Par exemple, toutes les directions de la SNCF, qu'elles soient situées à Paris ou en province, dépendent de l'agence commerciale Transports sise à Paris ou ailleurs, un point, c'est tout ! Le commercial local ne s'en attribue pas les résultats, mais il n'en a pas non plus ni les objectifs, ni la charge.

---

52. Un *vrai* commercial, avec objectifs *personnels* et rémunération variable correspondante ; pas un animateur de compte, avec de vagues responsabilités de coordination, mais sans pouvoir réel sur le déroulement des affaires, comme j'en ai rencontré dans certaines organisations. (Si vous êtes commercial, que vous recherchez une sinécure et que ce type de poste existe chez vous, n'hésitez pas à postuler)

Quant aux clients concernés par une organisation nationale, non seulement ils sont habitués à avoir affaire à des structures centralisées, mais ce sont eux qui l'exigent la plupart du temps, étant le plus souvent organisés de la même manière... et ne tenant pas à laisser la bride sur le coup à leurs directions régionales.

Une recommandation toutefois : le commercial « national » peut être tenté de demander épisodiquement un service de proximité à son homologue régional, par exemple un prêt de matériel disponible localement, la remise en main propre d'une proposition... Ce type de relation est à proscrire ! Si vous ne voulez pas que l'organisation régionale revendique une part du gâteau, elle ne doit être sollicitée en aucune façon par l'organisation nationale.

Je n'énumère pas ici les autres types de cohabitation entre forces commerciales, revendeurs, circuits E-Commerce, télévente... pour ne pas avoir à répéter la même litanie : un client, un responsable commercial. Suivez ce principe d'organisation, et la déclinaison des responsabilités des uns et des autres vous paraîtra facile. Que les intervenants qui portent vos couleurs soient internes ou externes, faites appliquer les mêmes règles : pas de concurrence dévastatrice entre force de vente directe et indirecte, et entre forces de vente indirectes entre elles, auprès des grands comptes.

Soit dit en passant, c'est en appliquant cette règle, et quelques autres, que vous créerez et maintiendrez un réseau de revendeurs de qualité, qui honorera votre marque, et qui vous sera fidèle.

Commerciaux généralistes et commerciaux spécialistes

Il y a systématiquement problème, en revanche, lorsque l'entreprise a bâti une organisation qui aboutit à faire se rencontrer chez les mêmes clients des commerciaux « géographiques » ou « line of business » d'une part, et des commerciaux spécialisés dans une offre généralement « pointue » d'autre part.

Je suis pour ma part totalement hostile à ce type d'organisation, nous verrons pourquoi tout à l'heure, mais je préfère que l'on commence par examiner la série d'arguments massue en faveur de forces de ventes spécialisées que vous n'allez pas manquer de m'asséner :

1 - « *Je suis conscient du problème que pose mon organisation, que mes lignes de produits généralistes d'une part, et « pointues » d'autre part, s'adressent aux mêmes interlocuteurs chez mes clients, qu'ils n'aiment pas cela, mais si je ne spécialise pas mes forces de vente, mes produits pointus, je ne les vendrai jamais... Leur développement m'a coûté les yeux de la tête, et c'est sur eux que je compte pour l'a-venir de l'entreprise »,*

2- « *Mes commerciaux soit ne comprennent rien à ces produits, soit ne veulent pas faire l'effort nécessaire, parce qu'il est vrai que ces nouveaux produits sont plus compliqués à vendre, les clients n'y sont pas encore habitués, il faut de la pédagogie avant de les convaincre, ça prend du temps !* »

Autrement dit, les services de R & D s'échinent à concevoir des pro-duits innovants[53] que les commerciaux ne comprennent pas et rechi-gnent à présenter à leurs clients – version allégée du commercial qui recherche systématiquement la facilité et le profit immédiat.
Les entreprises seraient contraintes de constituer des équipes spécia-lisées pour lancer les nouveaux projets – ce qui est d'ailleurs dans le droit fil de la pensée matricielle.

Je réintroduis pour l'occasion une remarque que vous ferez bien, me semble-t-il, de prendre en compte, si vous ne voulez pas passer à côté de l'efficacité de votre service commercial : au risque de contre-dire, du moins en apparence, mon propos précédent sur le mix pro-duits, le commercial, dans son effort de vente, est animé par trois cri-tères privilégiés : ce qu'il peut vendre le plus aisément (le moindre effort de négociation, le moindre effort d'avant vente, le moins de temps pour la décision...), ce qu'il peut facturer le plus vite, et ce qui lui permettra de réaliser le plus gros chiffre d'affaires.
Et heureusement qu'il agit ainsi, parce que c'est là sa vraie responsabilité.

La responsabilité du service commercial, c'est de faire bouillir la marmite tous les jours.

Ce n'est déjà pas si mal, ne lui demandez pas en plus d'assumer la stratégie produits à long ou même à moyen terme de votre entreprise,

---

53. Je suis bien conscient de ne pas utiliser suffisamment le terme d'« innovant », mais il me provoque une éruption de boutons.

parce qu'au lieu de le faire en plus du travail pour lequel il est rémunéré, il le fera à la place. Le devoir du commercial consiste à vendre le plus vite possible, compte tenu des produits que vous lui donnez à vendre, mais il doit vendre[54] avec profit pour l'entreprise, vendre de plus en plus, vendre à de plus en plus de clients, qui resteront clients pour longtemps.

La remarque ci-dessus plaiderait plutôt pour la constitution d'équipes spécialisées dans l'introduction de nouvelles offres. Pourtant, je reste sur ma position, *pour des raisons éminemment pratiques,* dont la principale est que dans la plupart des cas que j'ai vécus ou connus, **la constitution de forces de vente spécialisées composées uniquement d'experts a échoué,** *quelle que soit la qualité technique du produit et l'intensité du besoin auquel il répondait.*

Voici l'explication que j'entrevois :
D'une part, les experts avérés, prêts à abandonner leur ordinateur ou leur paillasse pour prendre le téléphone et prospecter des clients, s'il en existe, je n'en ai pas rencontré.
D'autre part, le meilleur produit du monde n'est pas intrinsèquement un sésame. Pour qu'il se vende, son existence doit être un tant soit peu portée à la connaissance des clients potentiels.
Enfin, un expert avéré va **essayer de subjuguer le client sur les qualités intrinsèques de son produit[55], pas sur le service que le client en attend.** Or, l'alchimie de la vente, c'est quand le client arrive à la conclusion que l'offre est parfaitement adaptée à son besoin, pas quand on lui donne le sentiment que le produit est trop beau pour lui.

J'en conclus donc, pour ma part, peut-être un peu rapidement, que **la force de vente d'experts est une fausse bonne idée...** Ce qui ne résout pas le problème bien réel de la résistance des commerciaux aux produits innovants, je vous le concède.

En même temps, j'affirme que si votre package commercial est bien construit – pour les commerciaux, on y revient toujours –, si l'effort qui est demandé aux commerciaux pour vendre vos produits pointus

---

54. Dans un rapport « gagnant - gagnant », s'il vous plaît.
55. Qu'il l'ait développé lui-même ou qu'il se le soit approprié, cela revient au même.

trouve sa juste reconnaissance, ils vendront vos produits pointus comme ils savent vendre vos produits classiques, parmi lesquels, si vous voulez bien analyser, il y a probablement des choses assez pointues qui ne semblent pas trop les rebuter...

Évidemment, dans un premier temps, il va leur falloir une grosse assistance pour vendre, beaucoup plus d'assistance que pour les produits qui tournent... **Et c'est là que se rencontrent les réticences des managers !**

Parce qu'en vérité, cette grosse assistance d'experts, vous préféreriez qu'elle se suffise à elle même, partant de l'idée bien ancrée que le travail commercial est tellement faible quand le produit est si bon, si novateur, qu'il serait injuste de rémunérer, et surtout d'attribuer le mérite de la vente à des forces commerciales généralistes qui n'auraient rien à faire, ou si peu !

Parce que de nombreux dirigeants restent encore persuadés, malgré toutes les expériences négatives qu'ils ont eux-mêmes vécues, qu'une vente « technique » se résume à la démonstration des qualités du produit. Que la qualité de leur produit le met au - dessus de la concurrence, qu'ils seront seuls sur le marché, qu'ils n'auront pas à élaborer une stratégie d'offre globale, à relancer le client, que le client ne négociera pas âprement toutes les phases de la vente...

Et c'est ainsi que de très beaux programmes pleins d'avenir restent confidentiels.

J'ai conscience que je n'arriverai pas à convaincre du contraire ceux qui pensent qu'il existe des ventes purement techniques. Aussi je vous proposerai une solution pragmatique, qui pourrait mettre tout le monde d'accord : pourquoi ne pas faire travailler ensemble un bon spécialiste (mauvais commercial) et un bon commercial (mauvais spécialiste) ?

Mesurons d'abord les impacts financiers de la constitution d'un tandem

L'expert dont vous souhaitiez faire un commercial, autant dire que pour le convaincre de franchir le Rubicon, il vous aura fallu lui accorder de sérieuses garanties, de celles qu'on n'accorde pas à des commerciaux : vous le paierez plein pot, que les résultats suivent ou non, – c'est inscrit dans les mœurs, sur des segments nouveaux, vous ne trouverez quelqu'un décidé à tenter le coup que si vous lui donnez des garanties financières solides –, et vous aurez prévu un parachute en cas d'échec.

Quant au commercial, vous avez établi avec lui des objectifs annuels, assortis de primes d'objectifs, n'est-ce pas?

Incluez dans ses objectifs les estimations de commandes du produit pointu que vous attendiez de l'expert.

Côté budget, donc, la constitution du tandem ne changera pas la donne.

Voyons maintenant les impacts sur l'activité du tandem

Dans ce type de vente, le commercial est avant tout un apporteur d'affaire, et un « coach ». C'est lui qui qualifie les prospects, en premier lieu parmi ses clients, auprès desquels il lui sera facile d'obtenir des rendez-vous pour l'expert – les clients sont friands de nouveautés –. C'est parmi les clients fidèles, dont la confiance n'est plus à conquérir, qu'il y a le plus de chances que les premières ventes se réalisent.

Tout au long du processus, le commercial va superviser les cycles de vente, jusqu'à la conclusion, en préservant l'expert des pièges traditionnels dans lesquels il n'aurait pas manqué de tomber… Mais la partie chronophage du travail, les présentations et argumentations techniques, les propositions, le banc d'essai, sera assurée par l'expert.

Certes, les produits innovants ont en général besoin de se mettre en place, ils ne génèrent pas énormément de chiffre d'affaires les premiers temps, ce qui n'est pas très excitant pour le commercial, mais ils ne lui demanderont pas trop d'effort non plus. En les incluant en douceur dans ses objectifs, leur impact sur sa rémunération variable sera au pire nul, mais il peut s'avérer aussi très positif si l'on joue avec le mix produits[56]. Le commercial ne rechignera pas à apporter son aide.

En termes d'activité, l'implication du commercial se réduit à peu de chose, et n'aura pas d'effet négatif sur sa production habituelle. Le spécialiste, lui, est de toute façon à plein temps sur son offre, et la

---

56. Si une partie de la prime d'objectif est spécifiquement dédiée à ces produits, avec des effets accélérateurs d'autant plus importants que l'objectif est bas, l'opération peut s'avérer très profitable pour le commercial, sans coût extravagant pour l'entreprise.

collaboration du commercial lui fait gagner un temps fou : sa prospection est toute faite, et son efficacité sérieusement contrôlée.

Enfin, les retombées pour l'entreprise

Tout ce que vous risquez, si le tandem fonctionne, c'est qu'il explose les objectifs prévus pour ce produit, sans pour autant augmenter vos charges, l'expert bénéficiant d'un salaire certes important, mais essentiellement fixe, moins élevé tout de même qu'un fixe avec variable garanti. En plus, l'expert qui réussit ne revendiquera pas, ne prendra pas la grosse tête, et sera pleinement satisfait d'avoir fait reconnaître son produit chéri.

Le commercial, lui, aura pu joliment améliorer son ordinaire, mais sans excès (300 à 400 % d'un objectif assorti d'une petite prime, cela donne une rémunération intéressante, qui fait plaisir, mais qui ne ruine pas l'entreprise). Accessoirement, on lui aura donné l'opportunité de montrer des qualités de manager qui resserviront.

Là dessus, un mot de félicitations du Président, une présentation de leur histoire à succès par le tandem expert-commercial, lors de la traditionnelle réunion annuelle devant le gratin de l'entreprise, et tout le monde est content et vous avez réalisé l'objectif sur un produit phare qui éclairera celui qui a présidé à l'organisation de son introduction.

Cerise sur le gâteau, quel bel exemple pour les autres commerciaux.

Deuxième principe

Exploiter au mieux le potentiel de votre force commerciale

Le commercial n'est pas plus propriétaire des comptes qu'il a lui-même ouverts que des clients que l'entreprise lui a confiés. L'éthique de la profession et la simple équité veulent cependant qu'il bénéficie d'un droit de suite sur les comptes qu'il a ouverts et sur ceux qu'il a fortement développés, sans les avoir lui-même ouverts. Pour autant, cette règle non écrite ne vous tient pas pieds et poings liés, et en tout cas ne vous interdit pas de redistribuer les comptes à l'occasion de réorganisations.

À ce propos, lors de réorganisations, ne maintenez aucune exception historique aux nouvelles règles que vous fixez. Les inconvénients sur la durée en seraient beaucoup plus lourds que les avantages à court terme.

Donc, et même en dehors de toute réorganisation, lorsque, tout bien pesé, vous considérez qu'il y va de l'intérêt de l'entreprise qu'un client change d'interlocuteur, vous n'hésiterez pas à faire évoluer les territoires de vos commerciaux, en proposant s'il y a lieu des compensations à ceux qui se trouveraient momentanément lésés par votre décision[57].

Ajustez chaque fois que nécessaire

Les directeurs commerciaux le savent, la répartition des territoires, notamment de prospection, est un exercice particulièrement délicat, au moins aussi difficile et aléatoire que le recrutement, c'est dire.
C'est pourquoi je proclame qu'un directeur commercial a le droit de se tromper dans les affectations de territoires. Par conséquent, inutile de vous couvrir la tête de cendres, face à vos troupes muettes de réprobation, si vous croyez constater que vous avez mal évalué le potentiel d'un compte ou la productivité d'un territoire. Que vous vous en aperceviez est déjà une manifestation de votre compétence professionnelle, que vous preniez très vite les mesures correctrices est le signe du vrai manager.

N'hésitez donc pas à retirer d'autorité les comptes qu'il ne suit pas à celui qui manifestement en a trop et manque de temps pour couvrir tout son territoire.
Oui, je sais, il n'est pas facile de priver d'un compte un commercial, vous lui arrachez un morceau de chair, même s'il n'a jamais rendu visite au client. L'ablation est d'autant plus délicate que ce sont généralement les meilleurs commerciaux qui sont les victimes toutes désignées de votre « arbitraire », parce que mieux ils réussissent, moins ils suivent de comptes.
Mais ni vous ni moi n'y pouvons rien. Il est de la responsabilité du management et non du bon vouloir du commercial que tous les comptes attribués soient suivis, et il est encore préférable qu'ils soient suivis par un commercial jusque-là moins brillant que pas suivis du tout.

---

57. Le système de prime d'objectif facilite incontestablement ces évolutions.

Attribuez, après avoir menacé dans les règles le commercial titulaire que vous le feriez, les comptes non travaillés, à ceux dont le potentiel du territoire vous paraît un peu faible. Faites-le si nécessaire en cours d'exercice, cela donnera à réfléchir sur votre détermination. Et laissez le commercial dépossédé du compte « dont il allait incessamment s'occuper, à la suite d'une information obtenue par les canaux mystérieux connus de lui seul et selon laquelle il va se passer de grandes choses sur ce compte », crier qu'on lui arrache le compte au plus mauvais moment, qu'on arrache des comptes aux meilleurs pour les donner aux mauvais qui vont les gâcher. Dites-lui, côté bâton, qu'il est inutile qu'il vous joue la comédie, qu'on ne vous la fait pas, et que vous l'aviez prévenu, et, côté carotte, expliquez-lui les raisons de votre décision, jouez la confiance de manager à futur manager. Et n'oubliez pas un peu de pommade, c'est toujours apprécié, et ça se passera très cordialement. Il transmettra au contraire très efficacement le dossier à son successeur, et sera très content si le compte se développe, ne serait-ce que pour pouvoir perfidement vous glisser « qu'il vous l'avait dit, que ce compte-là allait bouger », et vous laisser entendre que si vous le lui aviez laissé, ce serait autre chose !

En revanche, pour celui qui ne réussit pas parce que son territoire est toujours trop petit, couvrirait-il la planète entière, ou trop aride, lui donneriez - vous la forêt amazonienne, ou trop concurrentiel, serait-il en position de monopole, c'est un autre problème, à résoudre aussi assez vite, nous reviendrons sur ce sujet épineux.

Enfin, si votre charge et votre organisation vous le permettent, suivez vous-même en direct (mais suivez-les vraiment), ou faites suivre quelques comptes par vos chefs de vente. Ils vous fourniront la matière bienvenue à des ajustements souvent nécessaires en cours d'exercice.

Renouvelez régulièrement les interlocuteurs de vos clients

Il serait certes préjudiciable pour l'entreprise de changer de commerciaux comme de chemise, mais le renouvellement de l'interlocuteur client après une période productive de, mettons, trois à cinq ans, lorsqu'il est soigneusement et naturellement préparé, que le successeur a été nommé et dûment présenté[58], qu'il a eu le temps de s'imprégner des dossiers, et que le commercial titulaire est promu plutôt que licencié ou parti en claquant la porte, les clients comprennent et apprécient.

Ce faisant, vous cassez la routine qui s'est probablement établie, et vous rappelez mine de rien à votre client que c'est à votre entreprise qu'il a accordé sa confiance, et pas seulement à un homme.

Autre intérêt, ce processus vous obligera à suivre de plus près la carrière de vos commerciaux et à proposer à chacun d'eux un plan d'évolution, ce qui les encouragera à rester chez vous au lieu de vous quitter pour la concurrence.

Troisième principe

Pas de cadeau gratuit

D'une manière générale, pour faire un bon commercial, il ne faut lui offrir que le pain noir. C'est à lui de gagner son pain blanc.

N'allez pas croire que je règle un compte avec mon passé, ou que je suis l'adepte un tantinet sadique d'un bizutage, d'une quelconque mise à l'épreuve ou d'un rite initiatique d'entrée en religion commerciale.

Ce que j'ai trop souvent observé, c'est que si vous commencez par confier des affaires toutes faites à un jeune commercial, ou, comme cela arrive souvent, à un fonctionnel de l'entreprise qui passe au commercial, vous ne lui inculquerez jamais les fondamentaux du métier, parce que, n'en ayant pas assimilé les difficultés en temps opportun, il ne saura pas se préparer à les affronter lorsque inéluctablement elles viendront. Accessoirement, les affaires faciles qu'il aura signées, avec votre aide et la bienveillance de vos clients, lui auront monté à la tête, *« quoi, j'ai fait ça, moi ? Qu'est-ce que je suis bon ! Et dire que je n'en savais rien, ma parole ! Tu te rends compte, c'est moi qui porte la boîte à bout de bras »*… et l'auront rendu inutilisable.

Je n'insiste pas, vous pourrez vous reporter à l'exemple développé dans le chapitre précédent (voir « borner la prime d'objectifs », p.50).

---

58. C'est encore mieux perçu lorsque le successeur fait partie de l'équipe de vente, par exemple un junior qui prend des responsabilités ; nous verrons l'organisation en équipe dans le chapitre 5.

La remarque est aussi pertinente pour des commerciaux confirmés que vous venez de recruter. Ne leur rendez pas la tâche à priori trop facile. Attribuez-leur certes des comptes clients si vous en avez de disponibles, mais pas de quoi remplir tous leurs objectifs. Eux aussi doivent vous montrer ce dont ils sont réellement capables *chez vous*.

En affirmant qu'il ne faut pas rendre le métier trop facile aux jeunes commerciaux, je n'ai pas pour autant réglé leur sort. Parce qu'il ne faudrait pas non plus le leur rendre insupportable.

Quel juste équilibre leur proposer? Ce dont a besoin avant tout un jeune commercial, c'est de prendre confiance en lui en se prouvant qu'il a des dispositions pour ce métier[59].
Confier à un commercial sans expérience des produits à cycle de vente long est une absurdité : au bout de quelques mois sans résultat, ce qui est normal, il sera liquéfié.
L'idéal, quand l'organisation et l'offre de l'entreprise le permettent, est d'intégrer le jeune commercial dans une équipe de vente. Supervisé par un chef des ventes ou un commercial senior, le jeune aura la responsabilité de commercialiser une ligne de produits d'entrée d'offre, à cycle de vente court, en partie auprès des clients existants, pour la prise de confiance, et pour une grosse part auprès de prospects, pour l'apprentissage du métier.
Si vous ne pouvez pas proposer ce type d'organisation, ou au moins quelques produits à cycle de vente court, je vous en prie, ne recrutez que des commerciaux confirmés.

---

59. Un manager expérimenté ne sait pas garantir si une jeune recrue fera un bon commercial. Imaginez alors les affres de la jeune recrue, tant qu'elle n'a pas obtenu son premier client!

> ## *L'essentiel, pour moi... et peut-être pour vous aussi*

Ne pas confondre émulation et concurrence interne. Les commerciaux ont suffisamment à se battre pour imposer leur entreprise face à la concurrence. Ne les obligeons pas à défendre leur territoire contre des prédateurs créés par l'organisation commerciale, qu'ils soient internes ou externes (ventes indirectes).

1 – Simplifier les organigrammes pour faciliter l'accès de l'entreprise aux clients, et pour que votre entreprise soit plus réactive.
– Un compte client, un responsable commercial, tous produits, tout le périmètre du client. Si nécessaire ou si possible, constituer une équipe commerciale pour gérer et prospecter plusieurs comptes, plutôt qu'un commercial pour un seul compte.
– Calquez votre organisation sur l'organisation des clients.

2 – Tous les comptes cibles doivent être prospectés :
– Aucun compte cible ne doit être réservé aux concurrents. Le jeu, même sans espoir à court terme, est de rendre à vos compétiteurs la vie suffisamment difficile sur leurs comptes pour qu'ils soient très occupés à se défendre et ne viennent pas sur les vôtres.
– La règle : un compte cible non suivi par son titulaire doit être réaffecté dès l'expiration de l'ultimatum fixé au commercial défaillant, quelles que soient ses raisons.

3 – Lors des réorganisations, ne laissez pas se créer des exceptions territoriales, même s'il s'agit seulement de conclure une affaire bouillante – l'expérience montre que toutes les exceptions qui perdurent des années n'étaient envisagées que le temps de conclure une affaire en cours –, et profitez-en pour supprimer les exceptions historiques qui polluent les organisations commerciales.
Le mode de rémunération par objectifs facilite singulièrement ce nettoyage.

4 – Créer des forces de vente spécialisées est une fausse bonne idée.
Si une partie de votre offre requiert des expertises particulières, tout en s'adressant à vos clients habituels, alors c'est que vous êtes

...

...

justiciable d'une organisation en équipes de vente. Intégrez les expertises dans les équipes, ou partagez un expert entre plusieurs commerciaux.

Mais ne faites pas de l'expert un ersatz de commercial.

5 – Ne laissez pas s'installer une relation routinière ou complice entre le client et le commercial.

Le client « appartient » à l'entreprise ; il est bon de le rappeler régulièrement au commercial, et au client. Pour cela, il est indispensable de renouveler tous les 3 à 5 ans les interlocuteurs de vos clients, en préparant ces changements par une politique RH consistante.

6 – N'attribuez pas de territoire « facile » à de nouvelles recrues, qu'il s'agisse de jeunes commerciaux ou de commerciaux confirmés. Les recrues doivent faire leurs preuves dans votre environnement.

Il faut cependant trouver un juste équilibre, pour ne pas les décourager non plus. En la matière, le rôle du manager est primordial. Il doit se persuader que le territoire du commercial n'est pas inscrit dans le marbre, et ne pas hésiter à procéder aux ajustements nécessaires dès qu'il ressent un dysfonctionnement, sans attendre la fin de l'exercice.

7 – Ne laissez pas à un commercial la possibilité de réaliser ses objectifs avec les seuls clients actifs. Lorsqu'un commercial en arrive à ce stade, et qu'il ne dispose plus de temps de prospection, il est mûr pour une évolution : changement de catégorie, transfert vers des comptes plus importants, promotion vers du management, évolution vers d'autres fonctions… Quelle que soit la difficulté pour faire accepter la mesure au commercial, les objectifs doivent systématiquement comprendre une part de prospection, pour éviter que se constituent des chasses gardées préjudiciables à l'entreprise.

8 – Le manager commercial fera bien de se réserver quelques comptes, (qu'il suivra effectivement), qui lui serviront à procéder aux ajustements et aux compensations nécessaires.

Chapitre 4

Le recrutement de commerciaux

J'aborde ici un sujet épineux, qui est bel et bien au cœur de la réflexion sur la performance de l'entreprise.

D'une part, le recrutement commercial est toujours la mise en œuvre d'une décision stratégique de conquête ou de défense de territoire, dont les effets se feront d'autant plus ressentir qu'il est destiné à compléter une force commerciale réduite.

Et puis, lorsque vous définissez le profil du commercial que vous recherchez, vous êtes conduit à situer et à expliquer l'entreprise en termes d'ambition et de valeur ajoutée par rapport à son marché.

Enfin, en recrutant un commercial, l'entreprise s'engage dans un investissement à moyen terme beaucoup plus proche d'un pari sur des courses hippiques que d'un placement de père de famille.

Pour l'entreprise, une erreur de recrutement est donc beaucoup plus lourde de conséquences lorsqu'il s'agit d'un commercial que pour tout autre poste.

Explication rapide

Pour la plupart des postes offerts par l'entreprise, jusqu'aux plus importants, les critères de recrutement sont essentiellement « professionnels » et donc relativement faciles à vérifier. On est comptable ou on ne l'est pas, quand on se dit secrétaire, on sait utiliser les outils bureautiques ou pas, le candidat juriste d'entreprise connaît le code du travail ou n'a pas la moindre idée de ce qu'il contient. Pour tous ces métiers-là, il existe des diplômes. Jusqu'au recrutement d'un nouveau PDG qui s'inscrit dans un cadre maîtrisé : il est un manager reconnu, il est du sérail, il est apprécié de membres du Conseil d'Administration qui l'ont vu à l'œuvre dans un autre Conseil d'Administration...

L'erreur de recrutement, lorsqu'elle est avérée, sera liée à un comportement personnel non décelable à priori, rarement à des compétences professionnelles mal évaluées. On peut même avancer que le mode de vie ou les problèmes personnels rencontrés par le salarié n'auront, sauf pathologie ou malhonnêteté avérée, que des répercussions limitées sur la qualité du travail fourni. Dans tous les cas, s'il y a problème, on s'en rendra compte rapidement, et les conséquences vis-à-vis de l'entreprise et de ses clients seront négligeables (à l'exception de l'erreur de recrutement du PDG, il est vrai, mais cela reste une hypothèse de travail, je n'ai pas d'exemple d'un Conseil d'Administration qui se soit trompé dans son choix – je plaisante).

En ce qui concerne le commercial, il en va tout autrement.
Au moment du recrutement en effet, un recruteur expérimenté ne peut que pré-supposer la valeur d'un candidat à ses références, à ses connaissances, à son entregent, à l'impression favorable qu'il a laissée aux différentes étapes de son parcours d'embauche. Mais, bien que les écoles dites commerciales se multiplient, il n'existe pas de diplôme de « commercial », l'Etat n'apporte pas sa garantie.
Aussi, quels que soient les éléments qui militent en sa faveur, vous n'aurez jamais de certitude sur la valeur d'un commercial tant qu'il n'aura pas réussi *à vendre « chez vous », dans votre contexte.*

L'ennui, c'est que pour vendre, dans la plupart des contextes Grands Comptes, il faut laisser du temps au temps, selon la formule chère à François Mitterrand mais qui n'est pas de lui, temps pendant lequel l'entreprise et son management commercial auront dépensé beaucoup d'argent et d'efforts à intégrer les nouveaux commerciaux, qu'ils se révèlent bons, et c'est un investissement, ou qu'ils s'avèrent mauvais, et c'est à la fois une grosse charge et parfois une remise en cause des objectifs de développement.

Le problème de fond, qui rend la tâche de recrutement très délicate, vient de ces profils qui ne se révèlent pas à ce point hors sujet pour qu'on s'en sépare rapidement et sans trop de dégât pour l'entreprise et pour eux-mêmes, de ces personnalités mi-figue mi-raisin qui font illusion à 80 % de la démarche commerciale, mais auxquelles il s'avère à l'usage qu'il leur manque les 20 % rédhibitoires de savoir-faire ou de comportement qui font la différence.

Que vous soyez un manager averti et expérimenté ne fait rien à l'affaire, vous vous rendrez compte trop tard de leur carence, si tard que vous ferez comme la plupart de vos collègues, vous aurez tellement investi sur eux, pourquoi pas sympathisé avec eux, que vous les garderez au-delà du raisonnable.

Une précision, encore

Vous serez probablement surpris que mes développements abordent essentiellement le point de vue du recrutement externe.

Deux réponses : en ce qui concerne l'évolution du commercial vers des postes de responsabilité commerciale ou vers d'autres fonctions, il ne me semble pas que la gestion de sa carrière obéisse à des règles particulières, à l'exception peut-être de la nomination d'un directeur commercial issu du réseau.

Quant au recrutement interne, c'est-à-dire la mise en place de passerelles entre des métiers non commerciaux et les métiers commerciaux dans l'entreprise, je le dis tout net, et avec regret : il y a très peu de chance pour que la greffe prenne lorsqu'on essaie de convertir au commercial des personnels, le plus souvent administratifs ou techniques, dont la fonction disparaît. Dans l'esprit de ceux qui proposent et de ceux qui acceptent la conversion, il s'agit plus de limiter les dégâts que de développer une force de vente dynamique, motivée et conquérante.

On le voit dans les Banques, à la Poste ou ailleurs, transformer d'un coup de baguette magique une citrouille en carrosse, ou un administratif en commercial, ça marche dans le Cyber Espace, pas dans la réalité. Soyons moins ambitieux et plus réalistes : essayons déjà de donner un minimum de réflexes de bonne relation client à nos manches de lustrines, ce ne sera pas si mal !

Nous n'aborderons donc ce problème ici que par ricochet.

Limiter les risques

Vous reconnaîtrez à coup sûr un « bon commercial » aux résultats qu'il obtiendra dans votre entreprise, il n'y a pas d'autre critère d'évaluation qui vaille.

Ceci posé brutalement, il ne vous est pas interdit de vouloir limiter les risques, et une façon de le faire est de vous inspirer des quelques expériences que je me propose de vous faire partager avec d'autant plus d'humilité que je n'ai échappé à aucune des erreurs que je vous décris.

Il s'agit, dans cet exercice, beaucoup plus, d'éliminer des candidats à gros risque que de qualifier de bons candidats. Je regrette de ne pas avoir mieux à vous proposer.

Certaines de mes observations sont applicables à tous les niveaux de recrutement commercial, d'autres sont plus spécifiques à une typologie, vous pourrez aisément en faire le tri en fonction de vos besoins.

Encore deux précisions : dans les développements ci-après, j'ai pré-établi que les critères élémentaires de sélection de candidatures étaient vérifiés : orthographe, niveau de la langue, niveau de compétences requis par le poste… J'ai aussi supposé que les exigences manifestées dans la description du poste à pourvoir étaient honnêtes, précises et réalistes, et que les candidats entraient dans l'épure.

Je me place au moment crucial de l'entretien entre le manager et le candidat.

Laissez l'intuition prendre le pas sur la raison

Que vous recrutiez un junior, un senior confirmé, un directeur commercial, que vous ayez mis en place une batterie de tests, que vous ayez fait vérifier dans le détail la véracité du Curriculum Vitae particulièrement fourni du candidat au poste, pris contact avec ses références qui se seront toutes avérées élogieuses sur lui, tout bien pesé, n'en tenez que modérément compte, et **décidez-vous à l'intuition**.

La meilleure opinion que vous puissiez vous faire sur votre candidat, et, pour rejoindre Talleyrand et sa formule célèbre *« Méfiez-vous du premier sentiment, c'est le bon »,* vous l'aurez obtenue au tout début de l'entretien. Les recruteurs parlent du « cœur », les 3 premières secondes, du « corps », les 3 premiers pas, et de la « tête », les 3 premiers mots[60].

Dans la suite de la conversation, ce premier sentiment « fort » s'estompera au fur et à mesure que les comportements sociaux habituels prendront le dessus, mais *la personnalité que vous aurez pressentie dans les premières minutes ressurgira un jour ou l'autre.* Cela dit, donnez-vous tout de même cinq bonnes minutes pour vous forger une opinion, le coup de foudre n'est pas encore exigé en matière de recrutement.

Donc, si après les cinq premières minutes d'entretien, votre opinion est négative, ne poursuivez pas au-delà du convenable. Vous perdriez votre temps et vous donneriez de faux espoirs à votre interlocuteur.

Si votre opinion est positive, soyez persuadé que votre candidat dispose là d'un atout majeur : quand vous le trouvez à priori sympathique, il n'y a aucune raison pour que vous soyez le seul à réagir de la sorte, nombre de clients éprouveront la même empathie. Assurez-vous cependant que le phénomène « tient la distance » de l'entretien. Si c'est le cas, vous ferez confirmer votre impression par deux autres managers, pas plus, idéalement un autre manager commercial et la DRH, indispensable.

La règle, en matière de recrutement, doit être l'unanimité ! Si l'un de vous trois émet un doute sérieux, on élimine, *définitivement !* Ne vous laissez pas impressionner par la pugnacité d'un candidat qui, éliminé dans un premier temps, reviendrait à la charge. Si vous le repêchez, vous vous en mordrez à coup sûr les doigts. Pour faire un bon commercial, il ne suffit pas d'être un battant. Le défaut qui l'aura fait éliminer dans un premier temps réapparaîtra.

Vous me ferez remarquer qu'à être trop exigeant, par les temps qui courent, on prend le risque de ne recruter personne, que j'attache

---

60. « Ce que tu es parle tellement fort que je n'entends pas ce que tu dis » – Jefferson.
L'école de Palo Alto, qui travaille sur la relation humaine, considère que tout est communication, y compris le silence. Notre cerveau recevrait 10 000 signes à la seconde.

peut-être trop d'importance au ressenti et pas assez au vécu du candidat, qu'un candidat ne peut pas plaire à tout le monde et à son père, que je me complais dans l'arbitraire, tant il est vrai que je dois avouer avoir refusé des candidatures sans raison objective, uniquement sur mon propre ressenti des cinq premières minutes d'entretien, sans même leur donner la chance de rencontrer d'autres personnes dans l'entreprise…

Vous avez cent fois raison, il n'empêche que le commercial, lorsqu'il est face à un client, se retrouve exactement dans la même situation qu'un candidat commercial face à son recruteur. Si ça ne se passe pas bien pour lui, il n'aura pas de seconde chance. Et les réserves émises au moment du recrutement, lorsqu'on passe outre, finissent toujours par revenir au grand jour, au plus mauvais moment.

Mais nous sommes au pays de Descartes, vous voudrez conforter votre intuition par quelques raisons, je vous en donne ci-après quelques-unes.

Quelques indices complémentaires : ne recrutez pas…

… en priorité, même si ça vous paraît paradoxal, les candidats qui se vendent trop bien

Ils feront de mauvais commerciaux, je vous le garantis.

Eliminez, par exemple, les candidats dont la logique impeccable du plan de carrière et le commentaire hyperprofessionnel de leur Curriculum Vitae, déjà très fourni pour un jeune candidat, vous laisse une forte impression. Les candidats dont les dents blanches et la motivation pour rejoindre votre équipe sont si éclatantes qu'elles vous flattent en vous éblouissant. Ceux qui vous parlent d'un air légèrement avantageux de leur carnet d'adresses long comme le bras, avec des gens très importants dedans, tous décideurs, tous prêts, au moindre de leur signe, à quitter leur fournisseur attitré pour vous…

Bref, chaque fois que vous pensez de votre candidat : « ce type est trop bien pour nous, il doit être sollicité de partout, on ne l'aura jamais, ou alors à quel prix », surtout, laissez-le aller ailleurs, sans regret, il ne vous fera pas défaut.

Et gardez à l'esprit que *le bon commercial est payé pour vendre son entreprise, pas pour se vendre, lui.*
Une certaine pudeur, de la réserve lorsqu'il parle de lui-même, un rien de modestie, l'air de ne pas trop se prendre au sérieux, me paraissent de bons indices pour le reconnaître.

... les retardataires

Il n'y a jamais de bonne excuse à être en retard à un rendez-vous, pour personne et encore moins pour un commercial, quand bien même il aurait averti son client de son retard grâce à son inévitable téléphone portable (Avez-vous remarqué que depuis la généralisation du téléphone portable, les gens, du moment qu'ils vous préviennent, grâce à leur portable et en appelant le vôtre, qu'ils vont arriver en retard au rendez-vous qu'ils ont avec vous, se considèrent comme dégagés de toute obligation de ponctualité?).

Le candidat, donc, qui arrive en retard à un entretien d'embauche arrivera aussi bien en retard à tous ses rendez-vous, qu'ils soient professionnels ou privés, il arrivera en retard chez les clients, il manquera l'avion ou le train dans lequel vous l'attendez pour un déplacement important, il ne sera pas là à votre comité de 8 h 30 le matin,... parce qu'il est fait comme ça, et cela, croyez-moi, ça ne se corrige pas.

Votre candidat retardataire, quand bien même il se sera confondu en excuses, vous aura juré sur ce qu'il a de plus cher que c'est la première fois que ça lui arrive dans la vie[61], qu'il est horriblement confus, qu'il ne pouvait pas prévoir que le RER resterait bloqué près d'une heure entre deux stations, après que son train de banlieue ait déraillé, qu'il ait eu un accident de voiture en se rendant à la gare, qu'il ait dû emmener son petit garçon d'urgence à l'hôpital en pleine nuit – Dieu merci, ce n'était pas grand-chose en définitive –, ***ne – le – recrutez – pas!***

Si par le plus grand des hasards tout ce qu'il vous a dit est vrai, et que c'est effectivement la première fois que cela lui arrive, c'est qu'il est malchanceux, et pour faire un bon commercial, il faut de la chance !

---

61. C'est vous dire à quel point il n'a pas de chance !

... ceux qui ont certains comportements révélateurs

Les candidats qui se présentent les « mains dans les poches », sans serviette, on en voit plus qu'on ne le pense ; ceux qui arrivent avec une serviette, mais ne font pas mine de l'ouvrir pour prendre de quoi noter, ne sauront pas écouter ; ceux qui se présentent la cravate de travers n'ont pas pris le temps de se préparer au mieux pour l'entretien, ils manqueront de sang-froid...

Ceux qui vous demandent la permission de fumer, sans que vous même fumiez et alors que vous ne les avez pas invités à le faire s'il le désiraient, quand bien même il y aurait un cendrier rempli de mégots sur votre bureau. Cela traduit de leur part un je ne sais quoi, peut-être tout simplement un manque de savoir vivre qui posera problème en clientèle et dans les rapports en interne.

Ceux qui ont du mal à vous regarder franchement, sans commentaire ; ceux qui sourient d'une manière un peu mécanique, le fameux « sourire commercial », c'est horripilant.

Et pour terminer cette petite revue, les obséquieux, ça, c'est personnel, j'en ai horreur, et en général les clients aussi.

... ceux dont les CV sont réglés comme des horloges

Je veux évoquer ici les candidats qui changent de job grosso modo tous les 18 mois, parfois moins de 18 mois, rarement, voire jamais, plus de 18 mois, et ça fait 10 ans que ça dure !

Si vous leur accordez malgré tout un entretien parce que leur profil, à ce détail près, correspond à ce que vous recherchez, vous leur demanderez forcément ce qui motive leur instabilité. N'ayez crainte, ils vous fourniront à tout coup une explication sans faille et, tant qu'à faire, à leur avantage, pour chacun des postes quittés.

Plus avant dans l'entretien, ils ne manqueront pas non plus de vous assurer de leur indéfectible, bien que récent, attachement à votre entreprise et à votre personne. Promis, juré, si vous les honorez de votre confiance, ils vous seront fidèles jusqu'à leur pré-retraite.

J'en ai reçu aussi, de ces candidats-là, je me suis parfois laissé convaincre de leur bonne foi – d'ailleurs réelle, sans aucun doute, au moment où ils prononcent leur « serment de fidélité », ce qui les rend d'autant plus convaincants –.

Chaque fois que j'en ai malgré tout recruté, dans les 18 mois qui ont suivi, parfois moins, ça n'a pas manqué, j'ai dû m'en séparer, et rarement dans la sérénité (au fur et à mesure que vous les connaissez mieux, vous apprenez qu'ils se sont fâchés avec pratiquement tous leurs employeurs précédents).

Chaque fois aussi, je me suis juré qu'on ne m'y reprendrait plus, mais rassurez-vous, je me fais encore avoir de temps en temps.

Ah, oui, je ne vous ai pas expliqué, pourquoi 18 mois ?

C'est très simple : 18 mois, c'est le temps qu'il faut à un commercial récidiviste pour boucler son processus d'échec.

Les 6 premiers mois, vous l'intégrez, vous le formez et vous l'encouragez. Pendant cette phase, il est plein de bonne volonté, bon esprit, voire boute en train, il travaille, il a l'air stabilisé, heureux. Chaque fois que vous l'avez accompagné en clientèle, il s'en est très honorablement tiré, bref, tout va pour le mieux.

Pendant les 6 mois suivants, les démons qui l'ont probablement poursuivi pendant tout son parcours, peu à peu, le reprennent.

Il se met à trouver à redire à tout, la cantine, infecte, les remboursements de frais, trop chiches, son territoire, trop petit, ses objectifs, trop gros, son bureau, mal éclairé, les clients, mal embouchés, tout va mal... Il ne vous critique pas encore ouvertement, mais, ne vous inquiétez pas, ça viendra.

À ce stade d'évolution de la maladie, les résultats n'arrivent pas encore, mais son portefeuille est toutefois gonflé d'espérances de commandes, plutôt grosses, il ne fait pas dans le détail.

Les derniers 6 mois, enfin, vous n'avez pas vu arriver la moindre commande significative, il est devenu insupportable. Vous perdrez progressivement confiance en lui, vous allez peut-être vous apercevoir qu'il vous fait des notes de frais « bidon » pour des visites imaginaires, en province et en voiture. Tout de même, vous hésitez encore quelque temps, il est vrai que si une de ses prévisions se réalisait, il serait remis en selle, et vous, s'il faisait le chiffre que vous lui avez attribué, ça vous arrangerait aussi. Mais voilà, aucune affaire ne tombe et ne tombera.

Et il faudra vous résoudre à passer à l'acte : très, très désagréable de licencier quelqu'un qui au fond de lui-même sait qu'il en est à un échec de plus, et qui vous en voudra terriblement.

Son passage chez vous se traduira par quelques lignes de plus ajoutées à son CV, il saura fort bien expliquer son départ, et rajouter sans vergogne quelques-uns de vos clients à son palmarès personnel.

... des candidats luxueux

Ne perdez pas trop de temps à échafauder des plans tordus pour parvenir à recruter le candidat auquel vous tenez par-dessus tout, mais dont les exigences financières ne sont pas compatibles avec vos moyens, à moins qu'il s'agisse du premier recrutement de commercial de l'entreprise et que vos moyens soient en deçà du marché, bien entendu.

Nous avons débattu cette question dans le chapitre consacré aux rémunérations, aussi je n'y reviendrai que, d'une part, pour rappeler qu'il n'est pas sain de mieux payer les nouveaux entrants – avant qu'ils aient fait leurs preuves, en plus – que le personnel en place, et d'autre part pour vous ôter d'avance tout regret.

Les candidats les plus exigeants en matière de rémunération sont souvent aussi ceux qui se vendent le mieux, et vous venez de lire ce que j'en pense...

Des indices « positifs », qui peuvent laisser espérer...

Si votre candidat vous a fait une bonne impression, qu'il ne présente aucun des signes néfastes que nous venons de décrire, et si par bonheur il correspond à ce que nous allons voir maintenant, alors, vous pouvez espérer.

Les candidats dont le cursus professionnel commence par un poste commercial

Je vous livre ici un très bon indice pour confirmer le recrutement d'un commercial Senior – c'est aussi valable pour un directeur commercial : son cursus véritablement « professionnel », pas les jobs d'été ou les stages d'études pendant lesquels il aura fait de la pseudo assistance commerciale, *aura commencé par un job de commercial :* pour apprendre le métier de commercial, comme pour le ski ou la bicyclette, il vaut mieux commencer jeune. Les chutes, inévitables, on s'en remet plus vite, et mieux !

Une précision, pour éviter à beaucoup d'entre vous des lendemains qui déchantent et parce qu'on rencontre souvent ce cas dans les entreprises : si votre candidat commercial a exercé quelques années dans votre entreprise [62] l'honorable métier d'ingénieur avant-vente [63],

---

62. Et à plus forte raison ailleurs.
63. Que beaucoup croient, à tort, très proche de la vente Business to Business.

avant de se découvrir une vocation pour le commerce, il y a fort à parier qu'il prend un vrai talent de pédagogue et un bon relationnel client pour une fausse compétence de vendeur : faire une brillante prestation chez un client reconnaissant et admiratif de votre savoir, quand c'est dans votre spécialité que vous la faites, je le dis et je le répéterai, ça n'a rien à voir avec la fonction première du commercial, trouver de nouvelles affaires et de nouveaux clients. La confusion entre les deux coûte en général très cher à tout le monde.

Les candidats qui savent écouter

Vous allez recruter des jeunes gens tout droit sortis de leur Ecole de Commerce, vos candidats ont exhibé de très beaux, très détaillés et très avantageux Curriculum Vitae. Leur présentation est tout ce qu'il y a de convenable, c'est une chose qu'on leur a apprise à l'Ecole et que le naturel mettra un certain temps à chasser. Tous ont présidé au destin de la « junior entreprise » de l'Ecole, pas un n'aura manqué de faire des stages d'entreprise au cours desquels, si on les écoute, ils étaient à tout le moins le bras droit du directeur du marketing, le bras gauche du directeur commercial, et la tête pensante du DRH.

Comment vous décider ?

Je vais vos donner encore un très bon indice : ***recrutez ceux qui sauront vous écouter!***

Parce que, au fond, entre vous qui recrutez un commercial, et le client qui achète à un commercial, la problématique, si on y réfléchit un tant soit peu, est très proche : dans la démarche de recrutement, vous devez sélectionner, comme le client dans la démarche d'achat, le produit ou la prestation qui répondra au besoin que vous essayez de décrire le mieux possible à votre interlocuteur.

Et le meilleur moyen d'être certain de ce que le client veut, ce n'est pas de lui raconter sa vie, certainement passionnante, ***mais de l'écouter,*** en s'assurant de l'avoir bien compris. Ensuite on pourrra lui vendre la prestation ou le produit qui lui conviendra parfaitement. C'est pour cela, soit dit en passant, que la notion de « meilleur produit » est une notion abstraite, et que des monceaux de « meilleurs produits » restent sur leur étagère, tandis que d'autres, sans être mauvais, mais en étant raisonnablement bons, se vendent fort bien, grâce à un réseau commercial de qualité.

> Donc, je mène mes entretiens de recrutement exactement de la même manière qu'un client reçoit un fournisseur : je laisse le candidat présenter ce qu'il croit savoir faire, et je parle, beaucoup plus que lui, d'ailleurs, ce qui le déstabilise un peu, juste ce qu'il faut pour mesurer sa capacité d'adaptation.
> Je parle par exemple du travail qu'on va lui demander, sans noircir le tableau, mais sans complaisance, des clients, du marché… Avec un peu d'expérience, à son œil qui s'allume, aux réflexions pertinentes qu'il s'enhardira à vous faire si vous l'avez mis en confiance, vous saurez très vite si ce que vous racontez évoque quelque chose pour votre candidat novice, si ça l'intéresse, si on lui a expliqué dans son Ecole que c'est cela qu'il aurait à faire pour commencer, et que c'est effectivement cela qu'il est prêt à faire, et pas, comme la plupart de ses collègues de promotion, du marketing ou de l'analyse financière.

> Pour votre candidat soi-disant expérimenté, la méthode a aussi du bon : vous pèserez très vite la valeur réelle de son Curriculum Vitae, par exemple en instillant dans la conversation quelques noms incontournables que tout carnet d'adresses professionnelles se doit de contenir, ou en relatant un épisode de la bataille sanglante que se livrent deux grands acteurs de votre marché. La réaction ou l'absence de réaction est là encore très révélatrice[64].

> Vous ne manquerez pas, comme dans tout entretien professionnel qui tend à créer des liens plus étroits, de parler avec votre candidat de vos propres hobbies, à propos desquels vous êtes de toutes façons intarissable. Vos clients en ont aussi, et, si votre recrue a les mêmes ou si elle sait en parler, à condition de ne pas perdre de vue que le but est de créer une relation professionnelle, pas amicale, elle saura créer un courant de sympathie et de confiance tout à fait favorable aux affaires, c'est ce qu'on lui demande, après tout !

Que penser des Assessment Centers

Les assessment centers sont très en vogue en ce moment. C'est normal. Ils constituent un intéressant relais de croissance pour les cabinets de recrutement. Le jeu consiste à mettre un candidat dans les conditions de sa future mission et à observer son comportement. Un peu comme les simulateurs de vol pour l'entraînement des pilotes. À la double différence, la première, que les pilotes ont besoin de s'entraîner à résoudre des problèmes dont la probabilité de se produire est très faible, heureusement pour nous voyageurs, et dont les

---

64. Si le sujet des révélations fournies par les attitudes vous intéresse, consultez des ouvrages sur la PNL, par exemple « La Programmation Neuro Linguistique », d'Alain Cayrol et Josiane de Saint Paul, Interéditions.

conséquences, s'ils n'étaient pas surmontés, seraient autrement plus fâcheuses; la seconde, qu'ils s'entraînent pour s'améliorer, pas pour obtenir un job.

À défaut du recul nécessaire pour en mesurer l'efficacité réelle, je ne suis pas convaincu par les « mises en situation ». Je trouve qu'il y a dans tous ces jeux de rôle, dès qu'on leur fait dépasser le niveau technique (technique d'entretien, technique de présentation...) destiné à améliorer ses performances, quelque chose d'artificiel, voire de carrément malsain.

Quant une entreprise de vente de reprographie explique fièrement que pour recruter des jeunes commerciaux elle réunit une dizaine de candidats qu'elle met en concurrence, en même temps, dans la même salle, en demandant à chacun de vendre aux autres un produit, et que le meilleur gagne, je n'adhère pas... Pas mal de candidats non plus, d'ailleurs, dans une période plus favorable aux demandeurs d'emploi qu'aux offreurs.

Et puis nous avons probablement tous en mémoire des situations où l'un des acteurs-jury franchissait la ligne jaune. Enfin, les meilleurs commerciaux, encore une fois, ne sont pas forcément ceux qui se vendent le mieux.

Nommer un directeur commercial

Quant il s'agit de recruter un directeur commercial à l'extérieur, ce que je viens de développer peut s'appliquer à la lettre.

Lorsqu'on recherche en interne, on est amené à commettre deux types d'erreurs : la première est de nommer le meilleur vendeur. La seconde est de ne pas nommer le meilleur vendeur.

Je n'ai malheureusement pas d'autre recette à vous proposer. Il faut trouver l'oiseau rare qui, s'il n'est pas le meilleur, parce que le meilleur commercial n'est pas forcément un manager, soit au moins incontesté dans un pur rôle commercial, et soit aussi accepté par le comité de direction. Ce qui signifie qu'il doit être crédible auprès du réseau, qu'il ne traîne pas des contentieux avec ses collègues et futurs collaborateurs, qu'il n'est pas fâché avec la DRH, la paie, la comptabilité, les techniciens, la logistique... etc. et aussi, bien sûr, qu'il « passe » auprès de la grosse majorité des clients.

Autant dire que, si vous ne disposez pas du candidat qui s'impose à tous, la tâche sera rude. À moins que votre entreprise ait su (ou pu) mettre en place les structures qui permettent de faire monter les compétences de ses cadres, commerciaux compris, vers du management ou de l'expertise, selon affinités[65].

Ne gaspillez pas vos budgets de recrutement

En matière de recrutement vous pouvez faire facilement des économies : sauf à vous retrouver devant la nécessité d'embaucher d'un coup des wagons de vendeurs, ou à devoir reconvertir, avec les problèmes que l'on sait, des services entiers au commercial, ne confiez pas le recrutement de vos commerciaux à un cabinet spécialisé[66]! Je vous explique pourquoi.

Recrutez vous-même

Vous ne pouvez pas ignorer que la logique économique d'un cabinet de recrutement est grosso modo celle d'une entreprise de courtage : il met en contact d'un côté un client qui recherche un « produit » (sans aucune intention péjorative, c'est pour simplifier), et de l'autre un fournisseur qui a un produit à vendre.

La grande différence entre le courtage et le recrutement, c'est que, en l'occurrence, le fournisseur est son propre produit. En tirant un peu sur les concepts, on peut aussi dire que le cabinet de recrutement est à la fois fournisseur de personnel vis-à-vis de son client-entreprise, et fournisseur de travail vis-à-vis de son client-produit, lequel est fournisseur de son propre travail !

Est-ce que vous me suivez?
La conséquence en est que le consultant du cabinet de recrutement qui vous a fourni une ressource ne se contente pas, comme le commun des fournisseurs, de s'assurer auprès de son client-entreprise que le produit donne satisfaction. Au nom de la déontologie propre à son métier, il veille aussi aux « intérêts » de son client-produit!

Que leur client-produit ne soit pas satisfait du sort qui lui est fait dans l'entreprise, surtout, curieusement, après 6 mois de présence,

---

65. Voir au chapitre suivant : l'organisation commerciale en équipe.
66. Voilà un conseil qui risque de me valoir quelques inimitiés. Mais tant pis…

(la clause de remboursement des honoraires en cas de rupture pré-
maturée du contrat de travail y serait-elle pour quelque chose?), et
beaucoup de cabinets non seulement n'éprouveront aucun scrupule,
mais en plus ils se feront un devoir, au nom de l'intérêt de leur
« client-produit », de lui proposer un autre poste.

Je dirai même plus, certains cabinets, plutôt d'ailleurs lorsqu'ils ont
affaire à des clients PME, n'hésitent pas à relancer leur « produit » en
respectant un délai décent, au nom du sacro-saint plan de carrière
de leur client-produit, dont les experts en ressources humaines (qui
sont aussi cabinets de recrutement) on décrété qu'il fallait changer
radicalement d'activité tous les 18 mois pour prouver son adaptabi-
lité et son dynamisme...
En les poussant un peu, ces mêmes cabinets expliqueront sans rou-
gir à leur client-entreprise que le départ du produit est une excellente opportunité, que diable, il faut du sang neuf, qu'ils ont justement en magasin!

Donc, si vous confiez à un cabinet de recrutement tout le processus
de recrutement de votre commercial, si en plus vous êtes une petite
ou moyenne entreprise, qui ne laisse l'espoir que d'un chiffre d'affaires recrutement relativement modeste, le cabinet va taper dans
son stock le plus rentable et le plus facile à caser, c'est-à-dire le plus
volatil, ou, si vous préférez, celui qui est le plus disposé à tourner
rapidement, notamment par exemple parce qu'il sait mieux faire son
auto promotion que faire prospérer l'entreprise qui l'emploie (voir
plus haut les candidats qui se vendent trop bien, et ceux qui changent de job tous les 18 mois, tiens, tiens... ce sont souvent les
mêmes, vous les retrouvez souvent proposés par ces cabinets).

Or donc, comment ça va se passer?
Le cabinet va vous présenter un, deux, trois candidats au maximum
pour un poste.
Le ou les deux premiers sont manifestement hors épure, à vous
demander parfois si le consultant a compris ce que vous vouliez
(tactique habituelle – le troisième, par comparaison, apparaîtra
comme excellent).
Le troisième a un je ne sais quoi qui ne vous plaît pas trop, mais il
faut reconnaître qu'il présente exactement le profil que vous avez

défini (avec l'aide du consultant du cabinet, comme par hasard). Vous ne trouvez pas de motif précis de refus, sauf, peut-être, les exigences financières du candidat, largement au-dessus de la fourchette que vous aviez fixée (c'est normal, la rémunération du cabinet est proportionnelle au salaire négocié), et le je ne sais quoi qui vous a déplu en lui lors de l'entretien (peut-être cet air de premier de la classe).

Lorsque, au téléphone avec le consultant, pendant le débriefing de l'entretien que vous avez eu avec le candidat, vous avancerez timidement que vous hésitez, que le candidat est trop cher, que vous souhaiteriez voir d'autres profils avant de prendre une décision, la réponse, qui laissera, comme il se doit, à peine percer l'agacement de votre interlocuteur, je vous la livre, comme si j'y étais :
« C'est votre fourchette qui n'est pas réaliste ! »
« Un candidat de cette valeur, monsieur, ne se trouve pas facilement. »
« Vous devriez être drôlement content que son goût du challenge l'amène à vous choisir, (vous, insignifiant ver de terre) plutôt que tel grand concurrent qui dispose d'autres moyens financiers (que vous) et peut lui proposer un plan de carrière autrement fourni (que vous). »
« Il a d'ailleurs fallu que je me montre très persuasif pour le convaincre. C'est une opportunité que vous auriez grand tort de ne pas saisir. »
(En filigrane, le consultant vous fera sentir à quel point vous avez de la chance qu'un cabinet aussi prestigieux que le sien accepte dans sa clientèle, presque par philanthropie, une petite société comme la vôtre, et vous octroie des tarifs nettement au-dessous de sa pratique habituelle… Et c'est le troisième candidat qu'on vous présente, vous y mettez décidément de la mauvaise volonté).

À bout d'arguments et horriblement gêné, vous concluez l'embauche.

Après la période de grâce d'usage, vous ne manquerez pas de constater que la recrue qu'on vous a (un peu) forcé à prendre et qui allait développer vos ventes au-delà de vos espoirs les plus fous n'est tout compte fait pas si performante qu'on vous l'a vendue, si ce n'est pas performante du tout.

Vous suivrez le processus habituel de défiance, enfin, un beau jour, votre (chère) recrue, au mieux démissionnera, ou plus probablement fera en sorte de se faire licencier avec un arrangement à l'amiable, si elle sait y faire, et, en général, elle sait y faire, ça vous coûtera un peu plus d'argent,… pour rejoindre un autre client du fameux cabinet.

Si certains lecteurs « client-entreprise » pensent que je grossis le trait, qu'ils me fassent part de leurs expériences particulièrement satisfaisantes en la matière, je me couvrirai la tête de cendres (en provenance de vieux bons de commandes calcinés, remplis par les commerciaux dont il est question)!

Vous manquez de temps pour prendre en charge le recrutement

Admettons cependant que vous manquiez de disponibilité ou de savoir faire pour prendre en charge le recrutement de A à Z, que peut tout de même vous apporter un cabinet?

Chasser chez les concurrents ?

« Chasser » des candidats en poste chez les concurrents? Les cabinets ont toutes les bonnes raisons pour préférer cette démarche. En particulier, c'est la prestation qu'ils vous feront payer le plus cher! Ce n'est pourtant pas cet argument qu'ils avanceront, mais celui-ci : par définition, les candidats qui vous sollicitent le font soit parce qu'ils se sentent mal dans l'emploi qu'ils occupent, soit carrément parce qu'ils n'ont pas d'emploi. Le risque avec eux est donc énorme, il n'y a pas de fumée sans feu, des gens aigris, peu motivés, etc. Je vous passe tout le reste.

En chassant des gens en poste, qui ne sont pas en recherche d'emploi, comme ce ne sont pas eux qui vous sollicitent, mais vous qui les sollicitez, le cabinet vous garantit à contrario le risque minimum, le dynamisme, le goût du challenge… et l'opportunité maximum (pour vous).

Sauf que… rien ne démontre que les solliciteurs s'avéreront plus mauvais que les sollicités, et que **la plupart du temps les « chassés » font en réalité partie du vivier du cabinet,** ils sont ce que j'appelle les clients-produits, que les cabinets replacent tous les 18 mois d'une entreprise à l'autre, jusqu'à ce qu'ils soient trop défraîchis pour être vendables.

Mais admettons que le cabinet fasse honnêtement sa recherche, après tout, pourquoi pas?

Le problème, dans ce cas, c'est que vous vous mettez, vis-à-vis du « chassé » qui porte mal son nom, dans une position pour le moins surréaliste : mettons que ce non candidat qu'on est allé chercher pour vous, accepte de vous rencontrer. Cela ne signifie pas qu'il est intéressé à changer de poste, il est peut-être tout simplement là pour voir jusqu'où vous êtes prêt à aller avec lui, notamment du côté finances et positionnement (je n'enfonce pas le clou, vous savez qu'il pourra utiliser votre approche à son avantage auprès de son employeur actuel, par exemple).

S'il est finalement intéressé, et vous aussi, vous serez en très mauvaise position pour négocier sa venue, après tout, il n'est pas demandeur.

Troisième possibilité, il est finalement intéressé, c'est vous qui, tout compte fait, ne l'êtes pas. Vous et votre entreprise allez passer à ses yeux pour des zozos.

Ce que je n'aime pas dans l'approche « chasse », en fait, c'est que, bien qu'il s'en défende et ne manque pas de vous rassurer sur votre liberté de décision, le cabinet vous force la main!

Traiter les dossiers de candidature

Autre spécialité des cabinets : traiter le dossier de candidature et l'analyse de la fameuse lettre manuscrite de motivation.

Là encore, je suis assez réservé sur l'utilité de la lettre de motivation! Comment voulez-vous, à ce stade, que le candidat qui ne vous connaît pas, ne connaît pas l'entreprise, (ou, s'il la connaît parce qu'elle est grosse et prestigieuse, sa motivation va de soi) et n'a pas vraiment idée de l'endroit dans lequel il va mettre les pieds, exprime une motivation particulière, sincère et qui vous permettra de le présélectionner? Pensez-vous qu'il vous signalerait par exemple que son ambition, en rentrant chez vous, est de vous marcher sur le ventre, ou au contraire qu'il n'aspire qu'à une douce tranquillité, à l'assurance maladie et à un bon plan de retraite?

C'est le Curriculum Vitae qui vous donnera ou non envie de donner une chance au candidat. Avec un peu d'habitude, ce n'est pas dans le dépouillement des CV que vous perdrez du temps.

Pour la suite, les entretiens indispensables avec les candidats issus de la pré-sélection, il faudra bien que les recruteurs internes en trouvent, du temps!

L'apport d'un cabinet de recrutement

L'apport d'un cabinet spécialisé, si vous ne disposez pas des compétences et du temps nécessaire en interne, je le vois en premier lieu dans la préparation de l'appel à candidatures, la détermination des compétences et du profil recherchés, la mise au point d'annonces presse et le choix des supports adéquats. Tout cela, c'est un travail de professionnels de ressources humaines. Ils vous aideront à rendre disponible autant que possible l'information sur votre recherche aux candidats potentiels. Si vous êtes submergé de candidatures régulières, spontanées, vous pourrez en confier au cabinet la gestion et le premier tri.

En second lieu, vous pourrez confier au cabinet la logistique du processus de sélection, notamment les prises de rendez-vous, et l'information du candidat, que trop d'entreprises négligent, ce qui n'est pas bon pour leur image. Le candidat a le droit de savoir où en est sa candidature.

Vous pourrez aussi confier au cabinet la présentation de l'entreprise et du poste à pourvoir. C'est un travail fastidieux, je le reconnais, d'avoir à répéter dix fois par jour la même rengaine à autant de candidats ; si vous le faites vous-même, généralement tôt le matin ou tard le soir pour perturber au minimum votre emploi du temps, il vous faudra déployer beaucoup d'énergie pour rester enthousiaste, quand vous préféreriez être ailleurs. Les cabinets le font très honnêtement.

À cette occasion, le cabinet va aussi s'assurer que le candidat recherche vraiment un nouvel emploi, qu'il n'est pas là uniquement pour que vous serviez de lièvre à ses ambitions. Les consultants RH savent aussi très professionnellement recouper la logique d'un Curriculum Vitae (la vérification détaillée n'est pas nécessaire à ce stade).

Cette première phase éliminera naturellement quelques candidatures, et vous aurez vraiment gagné du temps.

Ensuite, la sélection définitive de vos candidats commerciaux dépendra uniquement de vos processus internes, sans influence extérieure.

Le cabinet pourra encore vous être utile, en tant que prestataire de service, pour mener s'il y a lieu une enquête approfondie sur le cursus et le profil des candidats que vous souhaitez recruter. Il dispose des outils et du savoir faire pour s'assurer dans les détails de la véracité du Curriculum Vitae présenté, pour prendre contact avec les références que le candidat aura indiquées (je n'y crois pas trop, il m'étonnerait fort qu'un manager pressenti par un de ses anciens collaborateurs en dise pis que pendre, mais enfin…), et pour procéder à des tests éventuels de personnalité, qui rassurent.

Rémunération du cabinet au travail fourni, et pas de prime d'objectif !

La part de hasard

Dans un métier commercial, la vie privée participe bien autant que la compétence professionnelle et le caractère à la performance d'ensemble.

Au moment du recrutement, vous croyez vous être fait une opinion sur la compétence du candidat, et encore, les antécédents, vous le savez, peuvent être sujets à caution, vous avez de son caractère l'idée qu'il a bien voulu vous laisser entrevoir, et vous ne savez rien de sa vie privée.

Ce qui fait que malgré plus de vingt ans de pratique, je ne sais toujours pas prédire, pas plus du reste pour un commercial confirmé que pour un junior sans expérience, s'il va réussir **dans les conditions de *mon* entreprise.**

Je le répète, qu'un commercial ait réussi ailleurs ne vous garantit pas qu'il réussira chez vous. Comme de ne pas réussir chez vous ne signifie pas qu'il ne réussira pas ailleurs, et vice-versa.

Ce qui est certain, par contre, c'est que chaque fois que je me suis laissé convaincre de recruter un commercial sans en avoir vraiment envie, je m'en suis mordu les doigts.

Nous avons abordé dans cette première partie ce qui touche le commercial comme « individu » : les territoires, les objectifs, la rémuneration, le recrutement. Il nous faut maintenant remonter d'un cran : comment allons nous organiser les ressources commerciales pour les rendre le plus efficaces possibles ? C'est l'objet de la deuxième partie : l'efficacité de l'organisation commerciale.

L'essentiel, pour moi... et peut-être pour vous aussi

Ce qui rend particulièrement malaisé le recrutement commercial, c'est qu'aucun diplôme, aucun mode de sélection n'accorde le label « Garanti 100 % Vendeur ».

En réalité, le problème est que beaucoup de prétendus commerciaux ne sont vendeurs qu'à 80 %... suffisamment pour franchir les épreuves du recrutement, et faire illusion quelque temps dans l'entreprise, voire réussir plus ou moins dans des contextes très favorables.

À ceux-là, il manque les 20 % de savoir-faire et de savoir-être qui font le commercial qui saura vendre dans le contexte de votre entreprise.

Comment recruter les vrais commerciaux, et éviter les copies?

1 – Éviter les candidats commerciaux qui changent d'entreprise tous les 18 mois :
– Six premiers mois, temps d'intégration, de formation et de prospection, salaire garanti, tout va bien.
– Six mois suivants, des affaires très importantes en portefeuille, mais les commandes tardent à arriver, demande de prolongement de garantie (ce sont soit-disant de très grosses affaires, qui prennent du temps).
– Six derniers mois, il faut se rendre à l'évidence, les affaires ne « tombent pas », et ne tomberont jamais. Séparation houleuse.

2 – Se méfier des candidats qui savent trop bien se vendre.
Ce n'est pas ce qu'on leur demande. Leur travail est de vendre les produits de votre entreprise.

3 – Vous aurez des chances sérieuses de tomber sur un bon candidat si :
– Son cursus, lorsqu'il est expérimenté, *commence* par un poste commercial. La vente, comme la bicyclette, il vaut mieux l'apprendre jeune. On se remet plus vite des « gamelles », et on ne l'oublie pas.
– Il sait *écouter* : pour vendre, il faut comprendre, et pour comprendre, il faut savoir écouter.

...

...

4 – Ne vous laissez pas imposer un candidat par un cabinet de recrutement.

– Les cabinets de recrutement sont les principaux pourvoyeurs de « commerciaux 18 mois ». C'est normal, ceux-ci constituent la base de leur fond de commerce.

– Certains d'entre eux sont spécialisés dans le « coup des 3 candidats » pour un poste (quand ils s'adressent à des « petits clients ») : le premier candidat présenté est totalement hors épure, le second un peu moins, le troisième irait à peine, mais on vous le « vend » pour exceptionnel, et cher.

– Annoncer comme une garantie de qualité la chasse de candidats en poste chez des concurrents (et donc une prestation plus importante et des honoraires plus élevés) frise l'escroquerie : ces candidats sont souvent des « commerciaux 18 mois ».

– Confiez au cabinet la gestion administrative et logistique de l'appel à candidature, et utilisez à bon escient ses compétences de conseil, du moment que les candidats ne sont pas issus de son vivier.

5 – Les tests, qu'ils soient de personnalité ou d'aptitude, ne doivent servir qu'à filtrer les candidatures, en aucun cas à décider un recrutement.

6 – Tout bien pesé, fiez-vous à votre seule intuition : « Le cœur, le corps, la tête ».

Ce seront les premières secondes, très physiques, *de l'entretien que vous aurez avec le candidat,* qui fonderont votre opinion : l'apparence du candidat, les mots qu'il prononce, la sympathie qui se dégage. Tout le reste du processus n'est que confirmation. Et puis, le face-à-face client/commercial relève exactement de la même démarche.

Deuxième Partie

Manager l'organisation commerciale

Chapitre 5

Les clés de la relation client

Nous n'allons pas ici développer le concept de CRM, apporter de l'eau au moulin ou à l'inverse dénigrer les éditeurs d'ERP[67] et les cabinets de conseil en systèmes d'information et en organisation, qui en vivent certes grassement, mais qui répondent, peut-être trop rapidement, et pas toujours dans l'intérêt du client, à un vrai besoin, peut-être trop vite exprimé...

Je souhaiterais déconnecter totalement la relation client du concept marketing de CRM, et contribuer à répondre à l'une des deux ou trois problématiques essentielles pour la survie et le développement de l'entreprise : « Autour de quelles références, autour de quelles pratiques organiser la relation client, pour que le réseau commercial serve au mieux (efficacité, qualité, coût) la stratégie de l'entreprise, auprès des clients qu'elle vise ? »

Avertissement
Si votre entreprise est installée, à la mode, que votre offre est incontournable, si vous croulez sous les commandes de clients qui saturent votre site E-Business, votre service courrier, les lignes téléphoniques et les fax de vos agences, une réflexion sur la compétitivité de votre relation client n'est certainement pas votre priorité... En revanche, vous serez bien heureux de trouver des solutions informatiques et organisationnelles qui vous permettront de faire face à la demande. Je vous conseille tout de même d'anticiper des lendemains moins porteurs, et de vous assurer régulièrement que votre organisation commerciale est encore efficace, de qualité, et que vos revenus sont en face de vos coûts.

---

67. CRM, je le rappelle : Customer Relationship Management. ERP : Enterprise Resources Planning – logiciels intégrés généralement autour de la comptabilité, et qui ont vocation à traiter l'ensemble des systèmes d'information de l'entreprise. Quand vous installez ERP + CRM, vous avez quelques années de nuits blanches à prévoir.

Si, plus probablement, votre entreprise opère dans un marché difficile et doit jouer des coudes pour se faire une place au soleil, alors n'attendez pas de miracle de la technologie, mais soyez très attentif à votre relation client. Je vous en livre quelques clés.

Retour aux fondamentaux de la vente

Question d'actualité : Est-ce que les nouvelles technologies sont en train de bouleverser les règles fondamentales du commerce ?

Répondons par une question saugrenue : est-ce que la technologie a bouleversé les règles fondamentales de la guerre ?

Jusqu'à il y a peu, la tendance était de répondre oui, bien entendu, la bombe à neutron, la guerre propre, le « zero killed »... Et puis on s'est rendu compte que l'efficacité des belles guerres « technologiques » et aseptisées dont nous avons vécu quelques exemples récents en Irak, Bosnie ou autre Kosovo, s'avère plus que relative, et qu'il faut, un jour ou l'autre, que le fantassin pose le pied en terrain hostile si on veut définitivement l'emporter sans rayer de la carte le pays que l'on veut libérer. Sans pousser plus loin l'analogie, une première remarque :

Les nouvelles technologies ne bouleversent pas les fondamentaux de la vente

Les nouvelles technologies, à l'évidence, *facilitent et faciliteront de plus en plus l'acte d'achat par le client,* autant pour le « business to business » que pour le « business to consumer » – j'utilise de temps en temps ces termes pour vous rassurer. Oui, je suis resté dans le coup, je ne me sens pas dans la peau du commercial dépassé qui essaie de sauver son job contre les vents et marées des réalités de la nouvelle économie.

> Si on y regarde d'un peu plus près, et avec un soupçon de provocation, la prétendue révolution du E-Commerce ne me semble pas de nature tellement différente des bouleversements apportés au commerce traditionnel par le Bon Marché du visionnaire Antoine Boucicaut, il y a un siècle et demi.
>
> Les hypermarchés d'aujourd'hui, prolongement périphérique du concept de grand magasin, facilitent incontestablement la vie des acheteurs, qui trouvent tout en un même lieu, jusqu'à se donner l'illusion de rester maîtres de leur choix puisqu'on leur propose dans un même rayon des produits concurrents à

différents prix, qui peuvent se garer facilement avec leur automobile, se voient proposer des crédits et accessoirement bénéficient de prix plus bas, du moins c'est ce dont ils sont persuadés, qui peuvent déjeuner sur place, etc. Il n'y a que les Toilettes, qu'on ne trouve jamais dans les hypermarchés, (dans le E-Commerce non plus, d'ailleurs).

Les producteurs ont besoin de circuits de distribution

Tout cela est bel et bon pour le consommateur[68], encore plus sûrement profitable pour la grande distribution, mais, que je sache, ne facilite en rien la tâche pour le producteur. Lui, quand sa marque ne fait pas partie des quelques labels incontournables, doit passer sous les fourches caudines des puissantes centrales d'achat des distributeurs (qui usent et abusent de leur pouvoir) pour avoir une chance de voir ses produits en rayon.

Le producteur, aussi puissant soit-il, dispose rarement des moyens et de la logistique nécessaires pour distribuer directement ses produits, aussi vaste en soit la gamme, au consommateur.

> Et Internet n'y changera pas grand-chose : vous imaginez le nouveau consommateur internaute surfer de site en site pour acheter, peut-être moins cher, là le camembert La Falaise, ici l'huile Oliveira, plus loin le sel de Guérande, etc. et se faire livrer par autant de canaux de distribution, en payant à chaque fois des frais de port qui annuleront tout l'intérêt de l'opération... je n'en ai pas rajouté en prenant des exemples transfrontières, qui rendent les opérations d'achat encore plus complexes, ne serait-ce que si on doit se pencher sur le droit applicable en cas de litige, sur les risques de change, et sur le service après-vente lorsque le produit en requiert!
>
> Là encore, et peut-être avec plus d'évidence que par rapport au commerce traditionnel, l'avantage risque d'aller aux grands sites marchands.

Les producteurs, donc, auront, à de rares exceptions, toujours besoin d'une organisation commerciale pour négocier leurs ventes, au moins auprès des distributeurs.

C'est encore plus vrai dans le « business to business », où on ne peut se contenter d'offrir, *il faut aller chercher les commandes.* Certains producteurs choisiront de proposer leurs produits uniquement au travers de distributeurs et de partenaires qu'une force commerciale restreinte démarchera, d'autres vendront toujours en direct

---

68. Du moins en apparence ; il faudrait entrer dans le détail de la chaîne économique.

à leurs clients, parce que leur offre est suffisamment lourde, complète, et présente une forte valeur ajoutée, par exemple, et une très grande partie des entreprises essaiera de jouer sur les deux tableaux.

La relation client, ça se maîtrise

Encore une fois, ce qui compte, ce n'est pas de rentrer dans tel type de schéma d'organisation parce que vos concurrents ou vos partenaires l'ont adopté et que vous avez sollicité les conseils du même cabinet qu'eux, c'est d'être *le plus efficace* possible, compte tenu du *savoir-faire,* des *moyens* et de *l'ambition* de votre entreprise.

J'aurai tendance à penser, pour aller au-delà du strict plan commercial, que les entreprises qui réussissent sont justement celles qui savent conjuguer harmonieusement et à chaque prise de décision ces trois critères. Que votre ambition soit trop forte et votre savoir faire modeste, vos propres troupes ne vous croiront pas, que votre ambition et votre savoir-faire ne soient pas soutenus par un minimum de moyens, l'intendance ne suivra pas, que votre savoir faire et vos moyens ne soient pas portés par une ambition raisonnée, votre entreprise perdra son âme et ses cadres. Les clients, dans tous les cas, ne viendront pas, ou vous abandonneront.

Les entreprises performantes, il n'y a pas de hasard, se sont aussi donné les moyens de maîtriser leur destin : maîtrise des approvisionnements[69], des recrutements, de la production, de la qualité, du service après vente, et, pour ce qui nous intéresse, *maîtrise de la relation client.*
Une entreprise dont le chiffre d'affaires dépendrait des commandes prises par un autre réseau commercial que le sien ou de la seule fantaisie des clients est vouée à disparaître, quelle que soit sa valeur ajoutée intellectuelle ou technologique.
Formulé plus crûment, « ne comptez pas sur les autres pour qu'ils vous rendent indispensable, il faut se rendre indispensable soi-même ».

« Il vous faut donc, par le truchement de votre propre organisation commerciale, informer et convaincre vos cibles de

---

69. Dans une entreprise, un service achats fort, compétent et qui respecte ses fournisseurs est un signe qui trompe rarement.

votre ambition d'apporter, dans la durée et à chaque fois, une des meilleures solutions du marché en réponse à leurs problèmes, les assurer de votre savoir-faire, et leur montrer enfin que vous disposez des moyens suffisants pour garantir la bonne fin de vos prestations. »

Cette phrase, que j'ai peaufinée, reprise, jusqu'à l'imprimer en gras et en italique pour mieux vous en faire mesurer l'importance, du moins à mes yeux, je vais maintenant me faire une joie de vous en commenter l'esprit.

La clientèle, ça se construit

La justification d'une organisation commerciale, au-delà de signer une affaire, d'en encaisser le prix et de s'enfuir à toutes jambes, ce qui est à la portée de beaucoup de monde, est de *construire une clientèle :* les nouveaux clients, dont le coût d'acquisition est très élevé, ne doivent pas remplacer les anciens, dont le coût d'entretien est beaucoup plus faible, ils doivent s'ajouter et devenir eux-mêmes rentables, faute de quoi, l'entreprise ne dure qu'un moment [70] [71] !

Vous me direz que c'est un concept vieux comme le monde et que j'enfonce des portes ouvertes. Voire !
Il n'empêche que ce que l'on observe de la mise en œuvre par les entreprises des technologies modernes de marketing et de vente, à un moment où la concurrence est particulièrement féroce, donne le sentiment que l'on découvre aujourd'hui seulement que :

« les *clients existent,* à preuve, *ils ne sont plus aussi fidèles (sic!) qu'ils l'étaient dans le temps!*»

> Jusqu'aux banquiers qui l'ont constaté à leurs dépens, et Dieu sait pourtant que quitter sa banque n'est pas aussi facile que les banques concurrentes veulent le faire croire...
> Pour continuer à noircir le tableau, il paraît que, dans le E-commerce, l'infidélité est encore plus constante que dans le commerce traditionnel : 60 % des clients n'achètent qu'une fois sur un même site et n'y reviennent jamais!

---

70. Vous observerez que je vous fais grâce d'illustrer mes propos par de doctes commentaires du mythe de Sisyphe, du tonneau des Danaïdes et de la toile de Pénélope.
71. Une des erreurs, provisoirement avérées, commises par la nouvelle économie, c'est la course aux parts de marché sans s'être assurée une base client rentable.

Renversant! Comme si c'était nouveau!

Comme si le client n'avait pas été de tous temps infidèle au fournisseur qui ne lui convient plus... sauf quand il n'a pas le choix, c'est-à-dire quand il ne trouve en face de lui qu'un seul fournisseur pour un besoin jugé indispensable, ou plusieurs fournisseurs, mais proposant strictement la même prestation, dans les mêmes (mauvaises) conditions, et que quitter l'un pour l'autre d'une part coûte cher et d'autre part n'offre aucune contrepartie[72]...

Exactement la configuration de notre économie occidentale en général, et française en particulier, jusqu'ces dernières années... **Et c'est ce qui change en ce moment : les clients commencent à disposer des moyens de leurs infidélités!**

Et de savants docteurs de se pencher sur le prétendu malade, et de proposer de nouveaux remèdes, tous d'ailleurs à base de « client » par ci, client par là, de plus ou moins de poudre de perlimpinpin, et de mots américains pour faire prendre la sauce (***customer centric,*** le client au centre des préoccupations de l'entreprise, avant, il faut croire qu'il était en dehors, ***customer relationship management,*** je l'aime bien, celui-là, il a un petit air de « cinq à sept » qui pourrait donner naissance à toute une progéniture, qui sait, ***customer referencial,*** je veux tout connaître de mon client, depuis qu'il était tout petit, dans le moindre détail, pour mieux le servir, bien entendu...).

En réalité nous vivons depuis une quinzaine d'années une révolution économique autrement plus importante qu'Internet, et tous les métiers ne l'ont pas encore subie avec la même intensité : ***une entreprise commerciale doit être attentive aux désirs de ses clients, sinon, ils la quittent, parce qu'ils ont le choix.***

Que faut-il donc faire pour que les clients d'abord me choisissent et ensuite me soient fidèles, se demandent dans l'anxiété les dirigeants d'entreprise?

Observez autour de vous : la solution se trouve à l'état brut dans la nature, elle se pratique depuis l'origine du monde chez toutes les espèces qui se perpétuent. En deux mots : séduction et confort.

---

72. C'était justement le cas des banques, que l'on vient de citer.

Séduire et conforter le client

Séduire le client, pour le faire tomber dans vos bras, le conforter dans ses choix en votre faveur, pour qu'il ne soit pas tenté de vous remplacer.

Pour pousser un moment l'analogie amoureuse, mais pas trop long-temps, ni trop loin, il faudra d'abord que *le client vous remarque* parmi la foule de prétendants, ensuite *que vous le séduisiez par vos promesses,* et enfin que *vous le confortiez par vos réalisations.*

N'en concluez pas cependant que le client attend de vous que vous lui rebattiez les oreilles de rodomontades sur les prouesses inégalées de vos produits, sur la qualité de vos hommes, sur la pertinence de votre stratégie, sur l'excellence de vos services, de votre logistique... La relation est plus subtile.

Que votre entreprise soit exceptionnellement placée à un moment donné sur le marché, c'est possible, mais aucun client sensé ne vous croira capable à la fois de tenir la distance d'une relation durable et en tous points satisfaisante, et d'être parfait à chaque fois.

Oserai-je une comparaison avec la vie intime de couple?... Non, mais vous m'avez compris.

Vous vous ferez plus sûrement remarquer par votre futur client, et vous le séduirez, en sachant lui communiquer le sentiment de son importance à vos yeux, et en vous attachant à lui faire ressentir que vous comprenez ses problèmes et ses attentes, et que votre plus cher désir est de les satisfaire, dans votre intérêt réciproque, ne le prenez pas pour un naïf. C'est l'un des deux piliers de l'efficacité commerciale.

L'autre pilier, c'est de vous faire connaître et apprécier : en parlant de votre entreprise, bien sûr, pas seulement d'une manière superfi-cielle, identitaire (chiffre d'affaires, personnel, filiales, produits, etc.) comme les communications institutionnelles se contentent trop sou-vent de le décliner, mais aussi d'une manière plus existentielle, en donnant les « clés » des mécanismes qui animent votre entreprise, pour que le client puisse juger que les valeurs que vous véhiculez rendent une relation durable et profitable non seulement possible, mais souhaitable.

Enfin, n'oubliez pas de vous renouveler : le processus de séduction/confort est permanent. Le client aussi veut être séduit de temps en temps.

Comment décliner ces fondamentaux de la vente en termes de relation commerciale, c'est ce que développent les paragraphes suivants « le couple client-fournisseur », ou comment créer et développer la relation, et « L'animation commerciale », ou comment maintenir le pouvoir de séduction de l'entreprise.

Le couple client-fournisseur

Comprendre le métier du client

Pour que votre client ressente que vous vous intéressez aussi au bénéfice qu'il retirera de votre collaboration et pas seulement à votre propre satisfaction, le meilleur moyen est de lui montrer que vous connaissez son métier, et, partant, les domaines sensibles de son activité qui correspondent à votre savoir faire, et pour lesquels vous pourrez *l'aider non seulement à résoudre les problèmes qu'il rencontre, mais aussi à saisir les opportunités qui se présentent*.
Autrement dit, pour vendre dans les Grands Comptes autre chose que des produits de base, et encore, *une organisation métier de votre dispositif commercial (et parfois au-delà, selon la nature de votre offre) est in-dis-pen-sa-ble*.

Certes, la connaissance requise sera plus ou moins pointue selon l'offre : s'il s'agit de conseiller France Télécom sur sa stratégie Internet, il vaut mieux que vos consultants connaissent la « Toile » sous toutes ses coutures.
Mais si vous êtes opérateur de télécommunications et que vous conseillez une banque sur l'évolution de son réseau téléphonique, la connaissance de la problématique bancaire qui sera nécessaire à vos commerciaux et à vos experts pour présenter une offre de qualité pourra s'acquérir à moindre frais, votre client lui-même ne considérera pas comme incongru de vous l'apporter.

Sachez cependant que dans tous les cas de figure, les clients sont de plus en plus convaincus qu'un fournisseur ne saurait leur proposer une bonne solution s'il ne s'est pas investi un tant soit peu dans leur métier.

C'est vrai quel que soit le produit ou la prestation fournie : si vous êtes fournisseur de PC, et que vous voulez vendre dans une administration, il vous faudra exhiber des références dans le secteur public. Ne m'en demandez pas la raison, je ne l'ai pas pénétrée, mais c'est comme ça !

Que vous fassiez témoigner des dizaines de clients dans la distribution, dans la banque ou dans l'industrie, peu chaudra à vos interlocuteurs, et vice-versa !

Tenez, je suis à peu près certain, sans l'avoir toutefois vérifié, qu'une entreprise de restauration alimentaire aurait du mal à être retenue pour assurer la cantine d'une banque, sans référence dans le même secteur.

Attaquer les marchés que l'on connaît le mieux

La tendance naturelle, pour une entreprise, est d'embrasser trop large, de peur, en visant un marché trop étroit, de manquer des opportunités de chiffre d'affaires. Elle est donc tentée d'envoyer ses commerciaux tous azimuts ramasser tout ce qu'ils peuvent prendre dans leurs filets.

Pourtant, tout bon pêcheur vous le dira, quand le filet est trop grand, et les mailles trop larges, le poisson passe à travers.

Si vous vendez des produits à forte valeur ajoutée, et que votre entreprise dispose de compétences sectorielles, vous vous donnerez les meilleures chances de succès en procédant par « cœur de cible » et « opportunités[73] » :

Le cœur de cible, c'est le couple « **métier** que l'on connaît le mieux/**produits** adaptés que l'on maîtrise ». L'offre métier/produit doit être capable de faire la différence avec l'offre de concurrents moins experts. Le « produit » n'intervient que pour éclairer la solution au problème spécifique du client. L'approche « cœur de cible » a un double avantage : elle permet d'obtenir plus rapidement des résultats, et des clients satisfaits qui porteront la bonne parole autour d'eux... quant on sait l'importance des références.

---

73. J'ai longtemps appliqué ce système en ne me fiant qu'à mon bon sens, en ignorant qu'il avait été mis en matrice par un dénommé ANSOFF. Depuis que je l'ai appris, je me sens beaucoup mieux.

Pour consolider et développer l'entreprise, tout l'art des dirigeants est de saisir les opportunités qui tournent autour du noyau dur du cœur de cible :
– Des produits plus expérimentaux chez les clients cœur de cible reconnaissants, prêts à vous servir de client-test.
– Des produits maîtrisés dirigés vers d'autres métiers, différents du cœur de cible, mais cohérents en termes de problématique, avec l'aide inconditionnelle des clients cœur de cible, prêts à vous ouvrir leur carnet d'adresses et à vous recommander auprès de leurs relations.

Ce schéma paraît simple, frappé au coin du bon sens? Souvenez-vous, naguère, nos grands stratèges ne juraient que par la diversification, de préférence dans des métiers inconnus, pour faire plus diversifié. Encore aujourd'hui, la tentation d'aller partout, tout de suite, reste malgré tout très forte, tant est ancré dans nos subconscients le sentiment qu'ailleurs, l'herbe est plus verte.

Offrir ce que l'on a

Cible et offre, même combat! Une offre trop abondante, des produits mal finis et mal maîtrisés par les commerciaux et le service après vente, des investissements prématurés, dans des idées qui rapporteront sans doute beaucoup dans quelques années, mais auxquelles ni les commerciaux ni les clients ne sont préparés, ces deux maladies déciment plus d'entreprises, chaque année, que la grippe espagnole n'a tué de gens en début de siècle!

En aparté, un conseil aux petites entreprises qui s'attaquent aux grands comptes.
La tentation de trouver l'idée qui va révolutionner le marché et vous propulser d'un seul coup d'un seul vers les plus hauts sommets est là encore très forte. La réalité est plus triviale : à de très rares exceptions près [74], les idées neuves inventées par les petites entreprises, et qui coûtent cher à développer, ne peuvent être portées que par des grands groupes à gros moyens financiers. Ce sont eux, les premiers acheteurs potentiels de l'idée, pas les clients finals.
Encore que, pendant un temps, avec Internet, on a cru assister à un renversement des théories économiques les plus fermement établies.

---

74. J'ai en tête Microsoft et Bill Gates. Encore que, sans entrer dans l'historique, Gates ait plus profité d'une erreur monumentale d'IBM qu'il n'a été le précurseur génial que l'on dit.

Du moment qu'une idée portait l'étiquette « nouvelle technologie », elle était bonne à financer. Plus l'entreprise qui la véhiculait était petite et fragile, plus elle perdait de l'argent, plus elle promettait des résultats tardifs, et tous les investisseurs se battaient pour être dans le tour de table ! Depuis, la triste réalité...

Donc pour une entreprise commerciale « normale », supposée gagner de l'argent, ce que j'ai exprimé reste d'actualité : en mesurant soigneusement quelles cibles vous pouvez viser avec les meilleures chance de succès, vous échapperez à la tentation trop souvent observée d'un déploiement commercial tous azimuts inefficace, péché mortel des petites entreprises qui, par peur de manquer l'affaire dont elles ont tant besoin, « à trop vouloir embrasser, mal étreignent ».
Au contraire, vous mettrez en place *un réseau commercial ramassé, crédible et très performant dans votre domaine d'excellence,* auquel il sera facile, porté par une dynamique de réussite, d'agglomérer de nouvelles cibles et de nouvelles offres.

Le niveau de compétence métier

Quant au niveau de compétence « métiers » requis de vos forces de vente, tous les cas de figures sont possibles, en fonction du produit et des interlocuteurs. Nous l'avons déjà évoqué, il n'est pas toujours indispensable de multiplier les experts, de débaucher à grands frais un cadre de la banque pour vendre dans les institutions financières, un militaire pour s'attaquer aux Armées, ou un ancien élève de l'ENA pour répondre aux appels d'offres des administrations.
Ce qui compte avant tout, pour le commercial, c'est de s'approprier les « mots justes », ceux qui vont donner au client le sentiment que votre entreprise parle son langage.

Illustration, le langage du médecin vis-à-vis de son patient.

Un directeur commercial consulte son médecin pour des brûlures d'estomac (tiens, tiens...). Si le médecin se fait une idée précise du métier de son client, il n'éprouvera pas de difficulté à diagnostiquer l'origine de son mal, devinez lequel?... le stress, évidemment. Il saura lui prescrire la médication appropriée, et surtout ***prononcer les mots pour le réconforter.*** Son client[75] reviendra régulièrement

---

75. Hé oui, le patient du médecin est aussi un client – les médecins aussi sont confrontés à la concurrence.

consulter, plutôt que de l'abandonner au profit de spécialistes de l'estomac, du foie, du cœur, des poumons.

Pour votre entreprise, c'est pareil.

Mettre en place des « passerelles de dialogue »

Pour que votre client vous connaisse et vous accepte, il vous faut instiller[78] partout chez lui la bonne parole.

La manière la plus efficace de persuader un compte client que vous vous intéressez à lui pour le long terme, que vous êtes convaincu de pouvoir établir avec lui une relation bénéfique pour vos deux parties, et que vous croyez en son avenir et en l'avenir de votre entreprise chez lui, c'est, pour prolonger l'analogie guerrière, en mobilisant vos ressources pour gagner le compte.

Face à un compte que l'on veut absolument conquérir, pas de demi-mesures, qui mènent à des échecs complets. Tous les décideurs, tous les facilitateurs du compte, qu'ils soient techniques ou économiques, doivent recevoir le message de votre entreprise, et apprendre à apprécier ses hommes, ses vertus et son offre.

Mais pour y parvenir, il faut surmonter une petite difficulté : les grandes entreprises françaises sont très hiérarchisées, et d'autant plus structurées qu'elles supportent tout le poids d'un historique ancien et d'un passé technologique récent hyper centralisateurs.

La couverture des comptes

Dans le contexte grands comptes, si vous voulez que vos commerciaux soient pleinement efficaces, n'hésitez pas à calquer, chaque fois que cela vous est possible, votre organisation sur celle de vos clients. En d'autres termes, en face de chaque niveau hiérarchique du client partie prenante de votre offre, vous devez disposer un niveau technique et commercial équivalent : les experts face aux techniciens, les ingénieurs commerciaux face aux chefs de service, le responsable commercial du compte face aux directeurs de département et au service achats, le directeur commercial face aux directeurs exécutifs, le PDG face à son homologue... À quelques nuances de qualification près, vous trouverez ce type d'organisation dans tous les grands comptes.

---

78. Instiller est bien le terme qui convient. La création de la relation client est un travail de fourmi, lent, patient et obstiné.

Votre couverture commerciale dépendra bien entendu du spectre des niveaux hiérarchiques à conquérir. Si vous proposez des prestations aux directions générales, les niveaux directeur commercial ou responsable de compte et PDG seront largement suffisants, vous n'avez pas besoin d'ingénieurs commerciaux.

Si vous commercialisez des grands systèmes informatiques, au contraire, il vous faudra convaincre beaucoup de monde : des ingénieurs système, des responsables d'études, l'administrateur des bases de données, le directeur informatique, le directeur de l'organisation, et, parfois, jusqu'au PDG quand il se pique de high tech.

Passons sur les offres qui s'adressent directement aux directions générales. Aborder les directions générales pour leur vendre une prestation qui leur est destinée relève de la relation, de haut niveau, entre dirigeants de l'entreprise fournisseur et de l'entreprise client.

Notre sujet reste la vente d'entreprise à entreprise, et le rôle de l'équipe commerciale face aux structures du client.

Le bon interlocuteur

Pour gagner durablement un client, il y a un ordre dans l'action, et des conventions à respecter.

Et d'abord, de la douceur. Si vous ne connaissez pas le compte, que vous n'avez aucune idée des luttes d'influence qui s'y déroulent, vous n'obtiendrez rien à jouer les éléphants dans un magasin de porcelaine.

Pour ne pas commettre d'impair, la recette est simple : c'est au *responsable commercial* du compte de créer la relation initiale officielle, d'entreprise à entreprise, avec les *directeurs de département, qui sont en général les plus hauts niveaux hiérarchiques opérationnels.*

Le directeur de département entrouvrira les portes, ou les refermera irrémédiablement, selon l'intérêt pour votre entreprise que votre commercial aura su lui transmettre lors de l'entretien à « quitte ou double » qui lui aura été accordé. Si sa prestation a été convaincante, c'est avec la bénédiction du directeur de département qu'à l'étape suivante ses chefs de service vous parleront des projets en cours, vous enverront ou vous feront envoyer par le service achats appels d'offres et cahiers des charges.

Joindre un directeur de département, dans un grand compte, présente de grosses difficultés, que nous avons déjà abordées[77]. C'est pourtant par son truchement qu'il faut absolument passer. Si, faute d'avoir pu obtenir un rendez-vous avec lui, vos commerciaux perdent patience et s'attaquent aux chefs de service, ou à des responsables techniques, qui ne disposeraient pas de l'autonomie suffisante, je vous parie à 10 contre 1 qu'ils n'obtiendront aucun résultat. Pire, vos équipes travailleront à des offres et à des études coûteuses et compliquées, votre entreprise communiquera beaucoup de son savoir-faire à titre gratuit, mais, au moment des choix, vous n'aurez aucune chance parce que vous n'aurez pas rencontré les vrais décideurs, et il sera trop tard pour le faire.

Le scénario est toujours le même : l'interlocuteur avec lequel votre commercial entretenait de si bons contacts que l'affaire, pour lui, quinze jours avant la décision, ne faisait aucun doute, va se faire d'un seul coup plus distant, voire injoignable. Il faudra le coincer par surprise, tôt le matin ou très tard le soir, sur sa ligne directe, pour qu'il vous avoue que la décision en votre faveur, qui semblait certaine à votre commercial, se prendra sans lui, et que l'affaire est mal engagée pour vous (autant dire que votre offre ne sera même pas proposée au choix du comité de direction).

Si vous voulez tenter une action de la dernière chance, il vous sera très difficile de le persuader de vous obtenir un rendez-vous auprès de ses chefs, parce qu'il vous a tout bonnement sollicité sans leur accord (il est flatteur de recevoir des fournisseurs, d'organiser des réunions de travail, de recevoir des propositions portant parfois sur plusieurs millions de francs,...), et qu'il risque de se faire un peu houspiller (c'est une attitude très courante dans les grandes entreprises, je l'ai rencontrée plus souvent qu'à mon tour, et vous n'aurez pas manqué de constater que moins les gens sont autonomes, plus ils essaient de vous faire croire le contraire).

Si, en désespoir de cause, vous essayez de forcer le passage auprès du vrai responsable, vous rencontrerez l'incompréhension et l'embarras de quelqu'un qui n'a jamais entendu parler de votre offre, ou si peu, et n'a aucune envie à ce stade de vous intégrer dans le processus d'un choix quasiment conclu.

Vous vous serez fait à coup sûr un ennemi de votre premier interlocuteur, ce qui n'est pas bon, partant de la constatation maintes fois

---

77. Chapitre 1 : Obtenir un rendez-vous ne va pas de soi.

vérifiée que ce n'est pas parce que quelqu'un n'a pas le pouvoir de vous aider qu'il ne peut pas vous nuire. Quant à son responsable, ne comptez pas trop prolonger le contact établi au forceps, il préférera vous fermer sa porte plutôt que devoir s'obliger à compenser en votre faveur la légèreté de son collaborateur.

Enfin, comme si vous aviez besoin de cette ultime humiliation, votre hiérarchie ne perdra pas l'occasion de vous faire observer, avec quelque raison, que, encore une fois, vous vous êtes fait rouler dans la farine pour n'avoir pas obtenu les bons contacts à « haut niveau ».

Le PDG n'est pas toujours le bon interlocuteur

Envisageons l'autre extrême : PDG vous-même, vous avez l'opportunité de commencer par l'autre bout de l'échelle, et d'attaquer un compte par un directeur exécutif, voire par le PDG, que vous connaissez, sans être intime, ou que vous avez pu joindre par relation.
Pain béni, me direz-vous, c'est la voie royale pour entrer dans un compte.
Eh bien, détrompez-vous, contrairement à ce dont beaucoup de dirigeants se sont persuadés, créer le premier contact avec un compte par la pointe de la pyramide ne facilitera en rien la tâche de vos équipes commerciales.

Au contraire, savez-vous ce qui se passera lorsque le directeur exécutif vous renverra avec une exquise urbanité[78] vers le directeur du département concerné par votre offre?
Il y a fort à parier que ce dernier, tout en l'accueillant cordialement, envoie gentiment mais fermement au bain votre commercial tout marri de sortir de l'entretien sans le moindre commencement d'opportunité d'affaire. L'ennui, pour vous, c'est que vous vous serez compromis dans cette histoire en lui confiant une mission qui, selon vos propres termes, serait du cousu main, et le problème, pour lui, c'est qu'on l'accusera avec toute la mauvaise foi possible d'avoir gâché une occasion en or.

Pourtant, il est normal que ce type de prise de contact se termine mal : pour le directeur de département, votre commercial est le représentant objectif de l'ami du patron.

---

78. les Directeurs Généraux sont toujours très urbains avec les gens qu'ils reçoivent.

La relation que vous entretenez avec son supérieur, lequel lui a imposé (même s'il y a mis les formes) ce rendez-vous, ne peut pas être purement professionnelle, puisque elle n'en a pas respecté le cours habituel. Son origine ne peut donc être que privée. Le directeur de département n'appréciera pas qu'un fournisseur ait un lien plus privilégié que le sien avec son propre patron.

Accessoirement, il aura aussi le sentiment (justifié) qu'on lui force la main, et les gens qui exercent un minimum d'autorité ont horreur du procédé.

Si vous persistez à penser qu'attaquer un compte par le PDG, notamment parce que vous êtes de la même promotion, dans la même école, est la solution, je vous conseille tout de même de ne pas lui demander de faveur si vous n'êtes pas en mesure de lui renvoyer l'ascenseur. Le monde de l'entreprise est cruel : telle amitié entre condisciples ne résiste pas souvent à une relation client/fournisseur.

Si vous voulez être sûr de votre fait, agissez comme je vous le dis : organisez vos équipes pour qu'elles vendent votre projet aux équipes techniques et aux utilisateurs du client, avec la bénédiction du directeur du département concerné.

Si ce dernier souhaite que vous l'emportiez, il prendra lui-même les dispositions nécessaires pour vous faire obtenir le contrat. C'est lui, sous la pression positive de votre responsable de compte, et lorsque le projet sera mûr, qui ressentira le besoin d'une rencontre entre les directions générales respectives de vos entreprises, pour les impliquer dans votre relation naissante.

Les fameux contacts à haut niveau, alibi suprême des affaires manquées ou réussies, je vous assure qu'il n'est pas difficile de les obtenir lorsque le processus est accompli et que votre entreprise a décliné correctement son acte de vente.

Les avantages d'une organisation commerciale en équipe

J'ai conscience qu'il n'est pas très « tendance », par les temps qui courent, le mode de pensée qui prévaut, et les marges que la compétition laisse aux entreprises, de prôner des équipes qui multiplient les hiérarchies d'acteurs, plutôt que l'organisation dite en « râteau », mâtinée de matriciel[79], qui s'est imposée depuis quelques années.

---

79. Voir début du chapitre 3.

(Je ne crains pas de parler de hiérarchie, je ne crois pas que le concept soit démodé, il préside aux destinées du monde depuis des milliers d'années, et je ne vois pas que ce qu'on essaie de nous imposer aujourd'hui soit bouleversant d'efficacité.)

L'organisation en équipe est, si on veut se donner la peine de peser ses avantages et ses inconvénients, la plus efficace et la plus rentable des organisations, pour peu que les forces commerciales et de support engagées le soient avec un minimum de bon sens, et pour une certaine durée.

Un relationnel à tous les niveaux

Force est d'abord de constater que les clients eux-mêmes apprécient qu'on ne mélange pas torchons et serviettes. Votre expert sera crédible tant qu'il est dans son rôle, auprès d'autres experts; demandez-lui aussi de vendre, il tentera de le faire avec beaucoup de bonne volonté et de maladresse, perdra de sa crédibilité d'expert, sans gagner pour autant une image commerciale.

Votre commercial, lui, aura besoin tôt ou tard de « faire de l'escalade » dans un compte, sans froisser son interlocuteur habituel, mais plutôt en sollicitant son appui. Ce dernier ne se prêtera à la manœuvre que si l'on met en face de sa propre hiérarchie un niveau hiérarchique équivalent. Il comprendrait mal en effet que son interlocuteur habituel devienne aussi celui de son responsable hiérarchique (toujours les mêmes problèmes de préséance et de confidentialité – Vous dire à quel point la responsabilité hiérarchique est exigée : il est arrivé qu'on me demande, pour confirmer un rendez-vous pris, pour moi, par mon commercial, auprès d'une direction générale, de préciser par écrit que mon niveau de délégation m'autorisait à engager mon entreprise, au même titre que la personne que j'allais rencontrer).

Lorsque le client constate qu'il a en face de lui une équipe responsable, qui fonctionne comme lui, ou comme il souhaiterait lui-même fonctionner, que le rôle de chacun dans l'équipe est bien compris, que des liens directs et confiants se créent, que vos commerciaux savent réagir ou pro-agir (encore un mot à la mode), que les responsables techniques du client peuvent appeler vos experts sans avoir à remplir quatre pages de formulaires, que les gens de la comptabilité du client connaissent les gens de la facturation chez vous, que chacun à son niveau est capable de traiter les problèmes qui se posent, que votre offre est systématiquement raisonnable et dans l'épure, sans être la moins ceci ou la plus cela… et enfin que vous savez de temps en temps détendre l'atmosphère par des invitations sympathiques extra-professionnelles… pourquoi voulez-vous qu'il ne vous fasse plus confiance ? Parce qu'un autre fournisseur lui fait économiser trois francs six sous ? ou parce que la machine de l'autre est bleue et que la vôtre est jaune ? Allons donc !

Ce n'est pas parce que les clients sont de nature infidèle qu'ils quittent leurs fournisseurs, c'est parce que les fournisseurs ne savent pas les garder que les clients les quittent.

Une équipe commerciale en progrès

Il est certain aussi que l'organisation en équipes de vente est un formidable moyen de faire progresser tout le réseau commercial.

Je vois aujourd'hui, dans ces organisations en « râteau » qui épuisent les managers et découragent les collaborateurs, de jeunes commerciaux bombardés dès leur recrutement, faute de structure d'accueil, et sans expérience préalable, responsables de gros comptes à gros budgets, ou des commerciaux à peine plus expérimentés se voir offrir sans transition des postes de management pour lesquels ils n'ont pas du tout été préparés. Combien d'entre eux ne perdent-ils pas les pédales un jour ou l'autre ?

Alors que l'organisation en équipe est une formidable machine à intégrer les jeunes. Le jeune ingénieur commercial est « coaché », toujours pour reprendre une expression dans le coup, par un responsable de compte (avant on dirigeait, maintenant on coache. Vous aurez noté que, lorsqu'on ne peut faire autrement que de constater qu'on a fait une grosse bêtise en abandonnant imprudemment de bonnes vieilles méthodes dont on a montré en leur temps combien elles appartenaient à un passé révolu et ringard, les mêmes n'hésitent pas à les ressusciter sans la moindre honte en les affublant d'un qualificatif anglo-saxon moderne).

On lui confie par exemple une partie de l'offre plus facile à vendre, à valeur ajoutée plus faible, à un niveau d'interlocuteur hiérarchique moins élevé, ou des départements de l'entreprise, des filiales, tandis que le senior se réserve l'offre complexe au niveau hiérarchique supérieur, les départements les plus importants, le siège... Dans la vente à valeur ajoutée aux grands comptes, il est très rare que l'on ne puisse pas trouver matière à une organisation en équipe, avec des objectifs individualisés.

La pression sera plus facile à supporter pour le jeune ingénieur commercial, puisqu'il sait qu'il dispose d'un recours et d'un droit à l'erreur (ce qui fait, l'homme étant la contradiction incarnée, qu'il fera moins d'erreurs que si le système le lui interdisait). Il progressera plus, en observant son coach et en travaillant avec lui, qu'avec toutes les journées de formation commerciale du monde.

Pour le responsable de compte, c'est tout bénéfice : d'un côté, il pourra confier à son ou ses ingénieurs commerciaux des responsabilités progressives, tout en restant suffisamment proche d'eux pour leur éviter de se prendre les pieds dans le tapis. Il se formera tout doucement et concrètement au management, sous l'œil attentif du directeur commercial qui veillera notamment, c'est le risque du système, à ce qu'on ne prenne pas les jeunes ingénieurs commerciaux pour des portefaix ou qu'une micro-dictature ne s'installe dans un recoin du service.

Quant au directeur commercial, vous pensez si pour lui c'est Byzance : il peut se payer le luxe, de temps en temps, de lever la tête du guidon, s'adonner aux joies du management d'équipes plutôt que d'assurer la permanence du bureau des pleurs, optimiser l'organisation des territoires commerciaux, s'occuper de relationnel auprès des clients, des autres services de l'entreprise, et il lui restera encore un peu de temps pour la presse professionnelle, aider ses équipes à monter en compétences et à mener les projets importants, préparer un reporting efficace, former ses collaborateurs directs à prendre une part de responsabilités...

Cerise sur le cake, je vous affirme que ça ne coûte pas plus cher : au lieu d'un très bon commercial assumant la responsabilité pleine et entière d'un nombre limité de comptes, voire d'un seul compte, ce même très bon commercial aura des objectifs plus forts dans un nombre plus important de comptes.

C'est, de plus, si on se penche sur la question, un excellent moyen de lutte contre les baronnies qui s'installent insidieusement dans les réseaux commerciaux, avec le bon compte bien juteux et son commercial intouchable, sans être forcément méritant. À ces commerciaux trop confortablement installés, vous donnez une équipe, et, en plus des comptes gérés, des comptes à ouvrir, et des objectifs en conséquence. Vous leur offrez en prime une bonne paire de rames, ça leur reconstituera des abdominaux ramollis par des années de laisser-aller. Et ne m'objectez pas que tous les commerciaux ne sont pas aptes à diriger une équipe : le commercial moderne ne peut qu'être un manager.

À l'heure du bilan, vous constaterez que votre réseau commercial couvre un marché au moins aussi important organisé en équipe qu'en râteau, et que vous n'avez pas eu besoin de plus de commerciaux. La différence, vous la noterez au niveau des résultats, et du variable beaucoup plus important à payer... Mais payer, quand le résultat est là, c'est un plaisir, n'est-il pas vrai !

Et si vous craignez de vous transformer en institut de formation de jeunes commerciaux pour vos concurrents, sachez que le *turn over*[80] dans les organisations en équipe est nettement plus faible que dans les organisations en râteau : c'est qu'il y a le plaisir de travailler en groupe, et l'opportunité de progresser dans l'entreprise, alors que dans une organisation en râteau, ou bien vous êtes le manche, et il n'y en a qu'un, ou bien vous êtes la dent, et vous avez beaucoup plus de chances, statistiquement, de casser, que de devenir manche à votre tour.

Enfin, pour ceux qui craindraient que l'organisation en équipes conduise à rémunérer plusieurs personnes pour une même affaire (je ne sais pas pourquoi, j'ai souvent rencontré cette phobie chez les dirigeants d'entreprise, la hantise de payer deux fois la même commande – le double booking, pour utiliser les termes anglais habituels), qu'ils veuillent bien se reporter au chapitre sur la rémunération variable[81]. Je le répète, si la rémunération est cohérente, le risque de payer sans contrepartie n'est pas plus fort que dans n'importe quelle autre organisation.

---

80. Taux de rotation. Ratio constitué du nombre de départs par rapport au nombre de salariés de la catégorie. Exemple : 25 % de turn over des commerciaux signifie qu'1 commercial sur 4 quitte l'entreprise chaque année, démissionnaire ou licencié.
81. Chapitre 2. Primes d'objectifs – conséquences sur l'organisation commerciale.

Allez, encore une observation qui à elle seule justifierait que vous payiez ce livre beaucoup plus cher : lorsque vous êtes directeur commercial, et que vous constituez vos équipes de vente, gardez à l'esprit que, ***dans le déroulement d'une affaire, les jeunes commerciaux ont peur de gagner, et les commerciaux confirmés peur de perdre.***

Les jeunes commerciaux sont capables de se lancer sans hésitation et avec beaucoup d'énergie dans une affaire qui les dépasse totalement, pour la raison, dont ils n'ont pas réellement conscience, qu'aussi minimes soient leurs chances, ils ne risquent pas grand chose, puisqu'on n'attend pas d'eux un succès, et que plus loin ils iront dans le cycle de vente avec le client, plus ils apprendront leur métier... Un commercial confirmé, lui, ne se lancera jamais dans une affaire qu'il juge par trop aléatoire, parce qu'il a beaucoup plus à perdre qu'à gagner en le faisant.

Eh bien, de temps en temps, à la surprise générale, l'affaire invraisemblable que le néophyte suit se déroule jusqu'à son terme! C'est là, alors qu'on en est quasiment à la signature, que le jeune commercial prend conscience de l'énormité de ce qui est en train de se passer, et perd tous ses moyens[82]. En tandem avec un commercial confirmé, l'affaire ira jusqu'au bout.

L'animation commerciale

L'animation commerciale a deux objectifs, participer à la séduction du prospect, et tenir le client sous le charme. Voici mon sentiment sur la pertinence des budgets qui lui sont consacrés.

Faut-il participer aux salons professionnels

Des salons professionnels, vous pensez que j'en ai fait quelques-uns dans mon parcours. J'ai d'ailleurs commencé par le fameux SICOB, le salon de l'équipement de bureau qui a vu naître et prospérer l'Informatique avec un grand « I ».

Le SICOB, c'était un peu le salon de l'auto. Il était de tradition que

---

82. Nous sommes probablement très proches du tennisman dont le bras tremble au moment de servir le point décisif, ou du footballeur seul balle au pied devant la cage adverse. Dans la peur de gagner du commercial, il y a peut-être l'idée qu'il n'a pas mérité une telle chance alors qu'il est encore novice.

l'on y annonce en grandes pompes gros contrats et nouveautés, qu'on y fasse du spectacle en montrant de très grosses machines accomplissant l'exploit inouï d'éditer factures et fiches de paie tout en gérant des écrans de saisie, vous imaginez la puissance de l'outil !

Le chiffre d'affaires effectivement généré par le salon, aucun exposant n'était en mesure de l'évaluer, et tout le monde se fichait de rentabilité. Il fallait en être, parce que tous les grands de l'informatique y étaient, que ne pas en être pouvait être mal interprété par « O1 Informatique », l'hebdomadaire de référence. Alors, on en profitait pour en faire une fête. Certes, cela finissait par coûter très cher, mais les marges étaient tellement confortables que c'était sans importance.

Et le SICOB avait tout de même une grande vertu, pour nous, à l'époque jeunes commerciaux, de corvée d'accueil ou de démonstration, c'est que les stands regorgeaient d'hôtesses soigneusement sélectionnées pour l'occasion, et pas seulement pour leur QI, l'un n'empêchant pas l'autre.

Aujourd'hui, les salons professionnels servent-ils encore à quelque chose, dans un monde où vous pouvez obtenir l'information dont vous avez besoin, plus exhaustive que jamais, avec plus de détails que nécessaire, en tapotant simplement sur un clavier de PC ?

J'aurais tendance à répondre, avant toute démonstration, **oui,** à condition qu'ils soient spectaculaires, dans tous les cas, et que, soit ils s'adressent au grand public, soit ils constituent l'occasion privilégiée pour des gens importants qui sont supposés ne jamais se rencontrer de prendre des contacts discrets.

> Des exemples : le salon de l'auto déjà cité, pour les filles superbes sur le capot de non moins superbes automobiles, le salon de l'agriculture, sans lequel les petits parisiens ne sauraient pas faire la différence entre une vache et un taureau, la foire de Paris pour dénicher le petit vin de pays pas cher et dont les vignes sont situées juste à côté d'une grande appellation ; à l'autre extrême, le salon du Bourget, les foires à l'armement militaire, pour les contacts discrets qualifiés pudiquement d'informels entre gens de pays qui ne sont pas supposés se parler.

Dans tous les autres cas, et au risque de pousser au désespoir tout un secteur d'activité qui a déjà tant de mal, à mon avis, c'est **non.**

Pourtant, observez attentivement votre directeur commercial si, d'humeur badine, il vous prend la fantaisie d'annoncer, pour rire, lors d'un comité de direction, qu'il n'y aura pas de budget cette année pour votre (ou vos) salon professionnel habituel.

Je vous parie qu'il va commencer par se décomposer. Sa seconde réaction, dans le mouvement, sera de balbutier : « ce n'est pas possible, vous vous rendez compte, ce que vont penser les clients et la presse ». Le Dircom murmurera, pour qu'on l'entende, mais à peine, comme une réflexion faite à haute voix par inadvertance « ce serait très mauvais pour l'image », et le DRH, déjà résigné à vos lubies « ça va faire mauvais effet sur le personnel ». Quant au Directeur Marketing, il reprendra tous les arguments à la fois.

Voilà, clairement et précisément énoncé, à quoi sont supposés servir aujourd'hui les lourds investissements que vous engloutissez dans les salons : à offrir une aire de repos à vos clients (vous aurez prévu pour eux quelques sièges, rafraîchissements et canapés), à vous concilier les faveurs d'une presse professionnelle qui est souvent associée à l'organisateur du salon, à maintenir « l'image » (pas à la grandir, à la maintenir – on ne dit pas que l'effet de la participation est positif, on dit que l'effet de la non participation serait négatif), et, même remarque que précédemment, à maintenir le moral des troupes (qui penseraient automatiquement que la non participation prouve que l'entreprise va très mal, vos résultats s'afficheraient-ils au zénith).

Si toutefois ces raisons vous conviennent, si vous n'avez pas de meilleur emploi de vos investissements, alors continuez à participer aux salons sans vous poser de question, vous ferez en tous cas œuvre philanthropique.

Mais si vous entendez que l'argent de votre entreprise aille à des investissements productifs, et que par conséquent vous attendez de votre participation des contacts nouveaux, utiles, générateurs, comme il se doit, d'affaires, mesurez l'intérêt réel d'un salon avant de vous y produire.

La (pas toujours) longue liste de visiteurs que vos commerciaux de service (les hôtesses, il y en a de moins en moins, hélas, elles étaient le miel des salons) auront constituée s'avérera dans la plupart des cas sans intérêt. Vous y trouverez essentiellement des concurrents en recherche d'informations (un peu dépassés, les pauvres, ils n'ont qu'à se brancher sur votre site Web pour obtenir tout ce qu'ils veulent), de jeunes collaborateurs curieux de tout, que leur patron a envoyé à sa place pour les récompenser, mais qui n'ont pas le niveau hiérarchique suffisant pour traiter avec les fournisseurs, ou même pour vous introduire dans la place, au mieux, ils vous donneront le nom de leur responsable, que vous auriez aussi bien pu obtenir en téléphonant au standard. La liste sera complétée par des collaborateurs plus âgés, mis au placard et sortis pour prendre l'air, enfin, par toute une panoplie de solliciteurs, à la recherche de collaboration, de clients, de produits, d'idées... mais des porteurs de projets à la recherche de solutions et en mesure de prendre des décisions, vous n'en trouverez pas un seul !

On en revient à ce que je vous disais plus haut : *pour faire des affaires, il faut être en contact avec les gens qui décident. Dans les salons professionnels, les gens qui décident sont rares. Tout ce qui est rare est cher. Les salons professionnels sont chers, les affaires y sont rares.*

Donc, si votre directeur commercial tient absolument à participer à un salon, exigez des organisateurs qu'ils vous garantissent qu'il y aura des décideurs et qu'ils passeront à votre stand. Certains organisateurs, très spécialisés, dans des domaines très « pointus », commencent à le proposer[83].

Autre chose : fuyez comme la peste les salons attenants à un congrès ou une convention. Pour moi, je le dis clairement, cela frise l'escroquerie. On vous fait payer très cher l'emplacement, en vous promettant des décideurs en veux-tu en voilà. Des décideurs, certes, il y en a, mais dans la salle de conférence, pas dans votre salon.
Vos commerciaux se seront beaucoup ennuyés à attendre que les pauses leur amènent du monde, mais vous pensez bien que la première idée des décideurs, à la sortie d'une conférence, c'est d'aller aux toilettes, la seconde, d'écouter leurs messages sur leur téléphone portable, et la troisième, d'aller prendre un café ou un jus d'orange pour discuter avec des collègues. La visite du salon, c'est seulement après !

---

83. Et encore. J'ai participé récemment à l'un de ces salons. Le résultat n'a pas été mirobolant.

Soyez maître de votre relationnel

Si vous enlevez à votre directeur commercial et à votre Dircom leurs salons, il va falloir que vous leur donniez autre chose à se mettre sous la dent.

Ce n'est pas l'objet premier de ce livre, et je n'ai ni l'intention ni la prétention de pouvoir parler avec pertinence de tout ce qui touche à la communication. Je vous livrerai cependant en vrac quelques réflexions sur le sujet, fruits de ma propre expérience, sans plus.

L'invitation professionnelle

Il faut avant tout développement savoir qu'un directeur commercial ne saute pas de joie à l'idée d'organiser des manifestations clients exclusives dont il porterait tout le poids.

Au moins, dans les salons professionnels qu'il affectionne, ce n'est pas à lui d'assumer la responsabilité de la fréquentation. Mais quand c'est son entreprise qui organise toute seule un show, l'affaire est toute autre. Si le show se termine par un « bide », c'est pour ses pieds.

> Imaginez ce que ça peut donner : vous êtes directeur commercial en charge d'une présentation de prestige, vous avez obtenu des budgets conséquents, chacun a fait de très gros efforts pour en assurer la réussite logistique. Votre objectif, ambitieux mais raisonnable, est de réunir au minimum cent participants. Vous vous y êtes engagé auprès de votre patron. Vous avez pris toutes les précautions imaginables, invité des centaines de prospects, clients et presse spécialisée, mobilisé tous vos commerciaux, commandé un buffet pantagruélique. Trois jours avant la date fatidique, vous n'avez obtenu que cinquante confirmations de présence, mais elles sont heureusement « bétonnées », carton d'invitation renvoyé et confirmation téléphonique. Vous redoublez d'effort, vos commerciaux et vous-même ne faites plus que ça, relancer des clients au téléphone. Vous arrachez vingt promesses supplémentaires. L'objectif initial ambitieux ne sera pas atteint, mais vous respirez, ce sera honorable. En complétant avec du personnel de votre entreprise, la salle aura bonne allure.

> Le matin de la manifestation, patatras, 30 invités seulement se présentent. Disséminés dans une salle trop grande, ils sont moins nombreux que vos propres collaborateurs.

Ne jetez pas pour autant l'anathème sur le pauvre directeur commercial.

Le phénomène est général. La désaffection touche tous les secteurs.

Toutes les entreprises qui organisent des *road show* le rencontrent, y compris des mastodontes comme Microsoft. Et, pour boire le calice jusqu'à la lie, les invités qui vous font la faveur de venir ont une fâcheuse tendance à se défiler au beau milieu des présentations. L'invitant en est réduit à promettre des cadeaux qu'il ne remettra qu'à la fin de la journée pour garantir un minimum de public au dernier orateur !

> Dans de tous autres domaines, vous avez sans doute entendu parler de la tournée mondiale de Stéphanie de Monaco, prématurément interrompue dès le premier concert, après qu'un quotidien ait révélé que la salle avait été remplie avec des spectateurs payés pour cela. Ou d'Olivier Stirn, dont la carrière politique s'est brisée net, pour le même motif ?
> Je compatis sincèrement à leur malheur !

Alors que faire ?

Voir les choses avec un peu de réalisme : abandonnez l'idée que vous êtes ce qu'il y a de plus important aux yeux de votre client. IBM ne se remet pas de le croire encore.

Réservez les grandes messes à de très grands événements – importants pour l'avenir de vos clients, pas seulement pour l'avenir de votre entreprise. Même dans ce cas, si vous voulez vous assurer du succès, n'hésitez pas à mettre le paquet, flattez vos invités. Par exemple, si votre show se déroule à 50 km de Paris, emmenez vos clients en hélicoptère[84]. Faites intervenir une « locomotive », un ministre de premier plan, un gourou de votre profession, américain de préférence... Bien sûr que ça coûte très cher, mais vous aurez du monde.

Si vous ne disposez pas de ces moyens-là, il est beaucoup plus efficace de monter des présentations plus ciblées et de durée relativement courte auprès d'un seul grand compte, ou d'un groupement d'intérêt (club d'utilisateurs, GIE...). Si votre entreprise propose une véritable valeur ajoutée, il n'est pas très difficile de convaincre votre interlocuteur dans l'entreprise ou le groupement visé d'organiser à votre profit un séminaire d'une demi-journée, par exemple. Dans un grand compte, si l'ordre du jour est alléchant, il y a de fortes chances pour que tous les tenants d'un projet se rendent disponibles. Dans un groupement, vous aurez les responsables d'un domaine particulier de N entreprises.

---

84. Succès garanti.

L'un dans l'autre, le coût global de ces opérations répétées, dans lesquelles vous pourrez ratisser relativement large, n'est pas plus élevé que celui d'une grande manifestation pour tous dont le succès n'est pas garanti, et ne requiert pas plus de temps de préparation. Les résultats en sont par ailleurs infiniment plus probants.

L'invitation extra-professionnelle

L'erreur doublement commune à beaucoup est de se tromper sur l'objectif d'une invitation extra-professionnelle, qui serait selon eux de signer une commande, et d'en conclure hâtivement, quand ce n'est pas le cas, que les responsables commerciaux adorent inviter leurs clients pour se payer du bon temps aux frais de la princesse.

Il faut donc le savoir : *l'invitation extra-professionnelle ne participe pas au cycle de vente!* Pour cela il y a l'activité traditionnelle commerciale, salons et présentations spécifiques inclus.

L'objectif essentiel de l'invitation extra-professionnelle est *de conforter la relation client. C'est tout, et c'est énorme.*

Au-delà des critiques (envieuses) qu'elles suscitent, les invitations à déjeuner (invitation formelle, préparée, dans un restaurant à étoiles), à des journées ou soirées événement (sponsoring sportif ou culturel, invitation à fêter les dates importantes de la vie de l'entreprise), pour culminer avec le voyage d'étude (on se déplace et on passe plusieurs jours ensemble – je place le voyage d'étude dans les manifestations extra-professionnelles, sans aucun sous-entendu, pour des raisons d'objectif), sont l'occasion rêvée pour vos responsables commerciaux et la direction générale de votre entreprise de se présenter non plus comme un fournisseur, mais comme un partenaire.

Je sais, le mot de « partenaire » est galvaudé au-delà du raisonnable. Je le reprends cependant parce qu'il représente, dans ce contexte, une réalité solide.

Ces manifestations permettent en effet de mettre en place la relation que j'estime idéale entre fournisseur et client; et elle est subtile – c'est la relation gagnant/gagnant (win/win – voir plus haut pour les notions vieilles comme le monde et réactualisées) : ne plus être le fournisseur distant, en face, celui qui veut gagner de l'argent, donc un peu « l'adversaire », ne pas devenir pour autant le « copain », qui tape sur le ventre du client et lui fourgue n'importe quoi au nom de la relation amicale, mais être le partenaire, celui que le client écoute, en qui il a confiance, celui qui propose des solutions qu'il sait pouvoir mettre en œuvre, dans l'intérêt de son client et bien entendu dans son propre intérêt, mais celui qui est aussi capable de dire à son client qu'il n'est pas bien placé pour prendre un projet qui n'est pas dans ses cordes.

Pour que la sauce de l'invitation extra-professionnelle prenne, il faut réunir un certain nombre de conditions :

L'invitation doit s'adresser à des clients, pas à des prospects

Pour le prospect, l'approche doit être exclusivement professionnelle : tant que votre cible n'est pas devenue votre client, toutes opérations de promotion autres que des opérations de présentation de votre entreprise, de votre stratégie, et de vos solutions s'avèreraient totalement prématurées. D'abord quant à l'objectif de ce type d'invitation, qui est de créer une certaine complicité (au sens chaleureux du terme) sur la base de projets menés en commun. Ensuite, vous n'achèterez pas une décision favorable parce que vous aurez offert un voyage VIP.

La plupart des prospects, par déontologie, n'accepteraient pas l'invitation. Quelques-uns, que les scrupules n'étouffent pas, se feront un plaisir de l'accepter, mais ne s'en sentiront pas plus redevables pour autant, au contraire.

L'organisation doit être irréprochable

Le client est l'invité de votre entreprise. Pour votre commercial, il ne s'agit pas d'une simple nuance !

Le commercial grands comptes sait parfaitement tenir son rôle lorsqu'il rend visite à un client. On parle affaires, face à face, dans un cadre et un timing conventionnels.

Lorsque le commercial invite, il sort des chemins balisés. Paradoxalement, il n'est plus protégé par le bureau et le statut du client. De fournisseur, il devient hôte.

Pour lui, trouver le ton juste, se montrer déférent sans être obséquieux, chaleureux sans être désinvolte, ne coule pas de source.

Tenez, ne serait-ce que savoir recevoir un client au restaurant : choisir les plats et les vins dans un budget raisonnable, ne donner au client ni le sentiment que vous voulez lui en mettre plein la vue en l'orientant systématiquement vers les plats dispendieux, ni la sensation inverse qu'on l'invite parce que ça se fait, mais qu'on serait soulagé s'il se contentait du premier menu (un conseil en passant : invitez vos clients dans des restaurants que vous connaissez, vous les orienterez vers les plats que vous appréciez, sans mauvaise surprise), surveiller le service (dans les grands restaurants, le maître d'hôtel le fait pour vous, mais on ne sait jamais), relancer la conversation, faire passer les bons messages, trouver le bon équilibre entre convivialité et efficacité, ça ne s'improvise pas! Il y faut de l'expérience, de la rondeur, et pour le moins une culture suffisamment étendue pour qu'elle s'adapte à tous les clients.

Et lorsque l'invitation est plus conséquente, un voyage d'étude par exemple, c'est diablement plus compliqué. Il faut être en mesure de prévoir des solutions de repli pour tout, l'avion en retard qui vous fiche tout votre planning en l'air (c'est le cas de le dire), le client témoin visité qui, ce jour-là, a une grève sur les bras, la partie de bateau avec tempête carabinée et les clients malades comme des chiens, le client qui perd ses papiers,… et s'en sortir et que tout le monde soit content!

Il faut aussi, sinon, s'abstenir, éprouver un minimum de plaisir en la compagnie des clients, et réciproquement. La condition ne devrait pas se poser pour les commerciaux en général, car sans un minimum d'atomes crochus entre eux et leurs clients, les affaires ne se font pas.

Tant qu'à inviter, recherchez l'efficacité maximale plutôt que le coût minimal

Si l'événement s'y prête, n'hésitez pas à inviter les conjoints, votre investissement sera beaucoup plus profitable. Quand l'invitation se prolonge sur un week-end, vos clients l'accepteront plus facilement s'ils sont accompagnés[85] que seuls.

---

85. Les conjoints de vos clients apprécient l'hommage, et peuvent se révéler vos meilleurs alliés si vous savez vous y prendre.

Si vous allez jusqu'au bout du raisonnement et faites aussi participer les conjoints de vos collaborateurs présents, il y a fort à parier que la complicité recherchée s'installe et que les uns et les autres apprennent à s'apprécier. Disons-le sans hypocrisie, c'est bon pour les affaires.

Et côté entreprise, vous serez aussi gagnant : vos collaborateurs seront flattés de pouvoir montrer à leur conjoint le meilleur de leur entreprise, et vous seront reconnaissants de leur en avoir donné l'opportunité. Pour la fameuse motivation des troupes que tous les dirigeants recherchent, c'est tout bénéfice.

Ne commettez pas l'erreur trop commune de n'organiser que des manifestations VIP pour directions générales si elles sont loin de votre business, qui s'adressent à des interlocuteurs que vous aurez du mal à impressionner, qui reçoivent de toute façon plus d'invitations du même acabit qu'ils n'en peuvent honorer, et qui enfin ne savent plus au bout d'un moment qui les a invités à quoi.

Prévoyez d'inviter régulièrement les responsables techniques et fonctionnels de vos clients, à des manifestations sympathiques sans être trop huppées. Ils vous sauront gré de l'importance que vous leur accordez, d'autant plus, encore une fois, si vous invitez leur conjoint.

Ne vous contentez pas d'une invitation sèche, à une manifestation que vous n'avez pas organisée, et dans laquelle vous ne contrôlez rien, ou d'inviter trop de personnes, que vous ne saurez pas traiter dignement. C'est encore un raisonnement que l'on retrouve trop souvent : les coûts fixes d'une invitation étant considérables, plus vous invitez de gens, moins ça vous coûte cher à l'unité. OK, mais moins c'est efficace, aussi, si vous ne vous occupez pas d'eux.

Il faut absolument que vos invités et votre équipe viviez la manifestation ensemble, preniez le temps de parler de choses et d'autres, et de vous apprécier dans un contexte nouveau.

Si votre manifestation a laissé un seul client isolé, perdu, sans attention, vous aurez manqué votre objectif.

> **L'essentiel, pour moi... et peut-être pour vous aussi**

Acheteurs et vendeurs ont besoin d'un minimum de relation commerciale, les premiers pour faire connaître leurs besoins, les seconds, pour proposer leurs produits.

Le client peut se satisfaire d'une relation standardisée pour ses *achats de base non négociés,* pas pour ses achats complexes ou stratégiques.

Les NTIC, s'ajoutant aux évolutions successives des modes de commercialisation, apportent une réponse satisfaisante aux négociations relativement simples, mais ne sauraient se substituer au dialogue client-fournisseur lorsqu'il s'agit de créer et d'entretenir une relation commerciale durable et féconde. Pour ce faire, non seulement on n'a encore pas inventé de substitut à l'organisation commerciale « classique », mais encore les entreprises « .com » découvrent l'intérêt d'une relation physique avec leurs clients.

1 – Les entreprises les plus performantes dans leur secteur sont celles *qui maîtrisent leur chaîne de valeur.*

La relation client doit être d'autant plus maîtrisée que son rôle est important dans la chaîne de valeur. Pour les entreprises qui proposent une offre à forte valeur ajoutée auprès des grands comptes, c'est, paradoxalement, *savoir prendre en compte le besoin du client qui constitue le maillon le plus important de la chaîne de valeur.* C'est pourquoi elles doivent absolument maîtriser leur réseau commercial.

2 – **C'est à l'entreprise de se mettre au diapason avec le client.**
L'organisation commerciale doit **séduire** et **conforter** le client.

- S'organiser par métier : sauf produits de base, et encore, le rôle moderne du fournisseur n'est plus de seulement proposer des produits face à un besoin exprimé, mais de partager les préoccupations et aspirations de ses clients, et de les conseiller dans leur domaine de prédilection. (Le devoir de conseil est souvent souligné par la jurisprudence).

- Calquer les organisations clients *pour en investir tous les niveaux* concernés par votre offre : il ne s'agit plus de convaincre et

...

...

d'entretenir une relation avec un *interlocuteur* habilité dans l'entreprise. Aujourd'hui, les décisions sont collégiales, toute l'entreprise cliente doit adhérer à votre offre. *Travailler en équipes commerciales.*

- Frapper à la bonne porte, avec la bonne offre, pour entrer dans un compte.

Attaquer le cœur de cible, le marché que l'on connaît le mieux, avec l'offre dont on est le plus certain qu'elle donnera satisfaction, et élargir de l'intérieur.

Le premier interlocuteur qu'il faut rencontrer dans un compte est *le plus haut niveau hiérarchique opérationnel* intéressé par votre offre, en général, le directeur du département concerné. C'est lui qu'il faut *intéresser en premier,* et *convaincre en dernier.* C'est uniquement s'il le veut que vous pourrez vendre et prospérer dans son entreprise.

En effet, sauf à vendre des prestations qui s'adressent précisément aux directions générales, attaquer un nouveau compte sur une relation de PDG à PDG ne vous met jamais en position favorable auprès de ses collaborateurs, lesquels, au mieux traîneront les pieds à coopérer, au pire feront ce qu'ils peuvent pour vous discréditer.

À l'inverse, investir dans une relation technico-commerciale (démonstrations, benchmarks, études, offres techniques...) sans l'aval du Directeur de Département, c'est travailler à fonds perdus.

- Ne pas décevoir.
Les clients ne sont pas infidèles. Ils vous quittent si vous les décevez ou si vous les lassez.

Un bon moyen de les décevoir est de *survendre* l'entreprise : ne proposez que ce que vous savez faire, ou ce que vous savez que vous pourrez faire.

Les clients fidèles ont besoin d'être régulièrement reconquis. Il faut renouveler l'effort de séduction par, sinon des offres privilégiées, au moins l'application spontanée, et avant que le client ne doive le réclamer, de conditions équivalentes à celles que vous proposez à vos nouveaux clients. L'animation commerciale, que nous déclinons dans le point 3, est aussi un bon moyen d'éviter la lassitude.

...

...

3 – Investir à bon escient dans une indispensable animation commerciale.

- Les salons professionnels.
Si vous n'en attendez rien, y participer, au pire ne vous décevra pas, au mieux vous apportera quelques bonnes surprises. Si vous en attendez des contacts intéressants, de nouvelles opportunités, des candidats, placez vos investissements ailleurs... Il y a longtemps que les décideurs ne fréquentent plus les salons.

- Les « shows » professionnels. Oui, vous pouvez en organiser lorsque votre entreprise dispose de la *notoriété* suffisante pour attirer une assistance nombreuse sinon décideuse, et qu'elle a une *communication* très importante à faire *dans l'intérêt des clients*. Si l'un des deux paramètres manque, le « bide » est garanti.

- La présentation professionnelle ciblée, pour un client ou un groupement de clients ou prospects.
L'effort global pour répéter et adapter à chaque client une présentation ciblée n'est pas plus lourd que l'organisation d'un show de prestige. La multiplication de présentations ciblées coûte même moins cher, mobilise moins de ressources et touche des clients plus significatifs et une assistance plus certaine. Pour peu que l'offre présentée soit suffisamment innovante, c'est le type d'animation commerciale qui présente le meilleur retour sur investissement.

- L'invitation extra-professionnelle.
Associée au travail commercial régulier, elle est destinée à maintenir l'attrait de l'entreprise auprès des clients, et à resserrer les liens entre les acteurs de l'une et de l'autre. *Elle serait tout à fait inappropriée pour attirer un prospect.*
Pas de demi-mesure ou de mini-budget : les clients (inviter aussi leur conjoint lorsque l'invitation s'y prête, ainsi que les conjoints de vos collaborateurs) doivent être traités avec tous les égards, mais sans ostentation, et sans laisser de place à l'improvisation.
Chaque client doit être reconnu individuellement : ne pas céder à la tentation d'inviter plus de monde qu'on ne saurait en accueillir dignement, sous prétexte que le coût d'un invité supplémentaire

...

...

est marginal par rapport au coût global de la manifestation.

N'essayez pas à tout prix d'inviter les niveaux hiérarchiques les plus élevés chez votre client, s'ils ne sont pas concernés pas votre business : pensez à vos interlocuteurs habituels, ceux qui décident en votre faveur, ils vous en seront beaucoup plus redevables que les directions générales, qui croulent sous les invitations et ne savent même plus qui les a invités.

La règle, lorsqu'on invite une direction générale, et que l'on souhaite qu'elle s'en souvienne et vous en soit gré, est de proposer une manifestation *exceptionnelle,* ce qui coûte très cher, et n'est pas facile à réaliser. Mais c'est seulement si vous la surprenez que vous l'intéresserez.

Chapitre 6

Le reporting

Autant vous donner crûment mon sentiment sur le sujet : l'organisation du « reporting[86] » commercial, dans les entreprises, le rend, trop souvent, totalement inefficace, alors qu'il devrait être le miel des directions générales!

Vous trouvez que j'y vais un peu fort?
Eh bien je vais vous raconter comment j'ai vu se pratiquer le reporting. Je préfèrerais ne vous parler que d'une mauvaise expérience toute personnelle, mais je crains que le procédé soit encore assez généralisé.

Le reporting, du point de vue du comité de direction

Le reporting hebdomadaire

Dans la plupart des entreprises, le reporting commercial se traduit par, en premier lieu, le compte rendu hebdomadaire du directeur commercial au comité de direction du vendredi ou du lundi[87].
L'état des affaires n'est qu'un des nombreux thèmes abordés lors du comité de direction, dont on sait quand il commence, mais rarement quand il se termine (raison pour laquelle la plupart de ses membres préfèrent qu'on le programme le lundi, pour que leur week-end ne soit pas compromis).

---

86. J'ai conservé le terme anglais, il est plus court que l'équivalent français de « rapport d'activité », et, comme je vais le répéter un certain nombre de fois, nous gagnerons de la place.
87. Si votre entreprise tient son Comité un autre jour, vous êtes un cas à part.

Le reporting commercial est certes un moment fort du comité de direction, mais il n'en est pas le point d'orgue, contrairement à ce qu'on pourrait croire.

Selon l'humeur et les centres d'intérêt du PDG, la presse économique ou éventuellement crapuleuse, les frasques des politiques, les bévues des concurrents, le dernier match du PSG, la récente deuxième troisième étoile de Ducasse,... occuperont une place au moins aussi privilégiée. On y débat aussi de choses sérieuses, n'allez pas croire qu'on s'y divertit outre mesure.

À l'exception du PDG qui peut tout dire, tout faire, les membres du comité se tiennent dans une réserve de bon aloi. Pas de dissentiment affiché, pas d'initiative qui risquerait de rompre le fragile équilibre entre ses membres, une apparence de convivialité, une certaine complicité...

En fonction des sujets inscrits à l'ordre du jour, chaque intervenant est là pour porter la (bonne, de préférence) nouvelle de son service.

Le directeur commercial présente son reporting hebdomadaire

Le tour de parole du directeur commercial vient inexorablement.

Moralement pâle sous le hâle de l'homme qui vit au grand air, maîtrisant mal le tremblement de la main qui tient le transparent où sont inscrits ses chiffres de la semaine, souhaitant intimement être ailleurs et maudissant tous les comités de direction de la terre, le directeur commercial s'avance vers le rétro-projecteur.

Nonobstant l'habitude qu'il en a, il lui faudra quelques secondes pour se ressaisir et parvenir à prendre la pose avantageuse et professionnelle de celui en qui la direction peut avoir toute confiance, il atteindra ses objectifs, en marchant sur ses tripes, s'il le faut, oui Monsieur !

Le directeur commercial se met à égrener avec précaution les nouvelles, guettant les réactions du PDG, glissant le plus rapidement possible sur les mauvaises, et étalant autant que possible les bonnes, comme pour la confiture, moins il y en a...

C'est le moment du comité de direction que tout le monde, et pas seulement le directeur commercial, souhaiterait voir abolir, et que son abolition soit inscrite dans la Déclaration Universelle des Droits de l'Homme, pour qu'on ne puisse le rétablir !

Le directeur commercial parle donc, de la voix faussement assurée de Laurent Fabius promettant une baisse des impôts, certes la prévision n'est pas terrible à ce jour, mais d'ici la fin du mois, tout va rentrer dans l'ordre, pas de chance, on a eu un report de rendez-vous de signature, mais ça va s'arranger dans les jours qui viennent...

Patatras, emporté par son élan, le directeur commercial vient de commettre une erreur de débutant ! Qui dit report de signature dit client non « tenu ». L'occasion est servie sur un plateau au PDG qui ne va pas manquer de piquer sa grosse colère, et de développer son thème favori, l'incapacité des commerciaux à maîtriser leurs comptes, alors qu'on leur fait le cadeau de produits qui se vendraient tout seuls, ils n'ont qu'à les présenter au client – ah, si les journées n'avaient pas que 24 heures, il prendrait personnellement le commercial en mains, et ça valserait, c'est moi qui vous le dis!

• Et comment voulez vous y arriver, vos contacts ne sont pas d'assez haut niveau, vous vous faites rouler dans la farine! (encore les contacts de • pas assez haut niveau • – l'explication première et indéboulonnable de l'incurie commerciale)[88].

Et le directeur commercial, ployant sous l'orage, résigné mais jamais tout à fait caparaçonné, se fait tout petit, essaie de se persuader que la diatribe ne s'adresse pas à lui mais au Commerce en général, tâte du pied la moquette épaisse de la salle du conseil pour vérifier s'il ne pourrait pas se glisser dessous, et il prie pour que le PDG, par une de ces associations d'idées qui laissent les membres du Comité béats et qui n'appartiennent qu'à lui, tourne sa colère vers un de ses collègues – après le directeur commercial, c'est le directeur technique qui a le plus souvent les honneurs de la table à secousse, le directeur marketing vient souvent en troisième position. Il n'y a que le DRH qui échappe systématiquement à sa juste colère, allez savoir pourquoi.

La belle affaire qui vient de tomber

Heureusement, le directeur commercial vit aussi, au comité hebdomadaire, des moments, trop rares, de pur bonheur : • la belle affaire qui vient de tomber[89] •. Quand une belle affaire est rentrée dans la semaine, alors là, le directeur commercial se paie de toutes les avanies qu'il subit habituellement!

Ils vont en entendre parler, les membres du comité, de l'affaire du Crédit Riche ou de la RDFAP[90]. Si l'affaire est vraiment très belle, elle pourra servir pendant des mois, on la ressortira chaque fois que ça ira mal! Nul n'ignorera plus rien d'elle, les plus petits détails seront éclairés • a giorno •, commentés, soupesés, analysés, soumis à la réflexion et proposés en exemple à l'ensemble du personnel de l'entreprise.

Tout le monde revendiquera sa part de gloire. Le PDG, à tout seigneur tout honneur, dont la compréhension de l'affaire a été éclatante et l'intervention de 3 minutes au téléphone avec l'un des principaux protagonistes, le vice-vice PDG adjoint, a été absolument décisive; le directeur financier, si, tant, tellement compréhensif, qui a su accorder les conditions qui ont fait basculer l'affaire; le directeur marketing, qui a imaginé le bon packaging qui a creusé la différence; le DRH, qui a réussi le tour de force de mettre à disposition les ressources sans lesquelles le contrat ne pourrait être honoré; le directeur technique, ordonnateur d'une logistique impeccable; le directeur de la communication, organisateur du séminaire qui a tant plu au nouveau client, le directeur des services, si serviable...

---

88. Se reporter au chapitre 1 : dans la relation DG/DC, les occasions ne manquent pas d'évoquer le • haut niveau •

89. En jargon commercial, faire tomber une affaire, c'est la gagner, pas la perdre.

90. Remplie De Fric À Prendre.

Le directeur commercial ne manquera pas, chaque fois qu'il en aura l'opportunité, de mettre en lumière les qualités de son commercial responsable du compte et de son équipe ; lui se tiendra en réserve, ne faisant que suggérer par la modestie de son comportement qu'en réalité, sans ses qualités manœuvrières...

Quelle félicité, pour les membres du comité de direction, ces jours de bonnes nouvelles. Chacun s'enfonce un peu plus dans son fauteuil, relâche la vigilance qui est sa seconde nature, sûr qu'une aussi bonne journée se terminera dans la béatitude, et que, pour une fois, personne ne se fera démolir par le patron. Peut-être qu'on sabrera le champagne et que le PDG offrira les cigares !

L'affaire qui va tomber

Il arrive aussi que le directeur commercial aborde un comité de direction avec la ferme intention de ne pas jouer les victimes expiatoires, tout en ne pouvant se targuer ni de la belle affaire évoquée plus haut, ni même d'un niveau de prévisions acceptable. Va-t-il oser ? Oui, il va le faire !

Il va en effet oser utiliser le coup de « l'affaire qui est sur le point de tomber ».

Vous pensiez peut-être que ce truc était usé jusqu'à la corde, que, depuis les Phéniciens, on ne s'en servait plus, hé bien vous vous trompiez !

Le coup de l'affaire mirobolante en portefeuille depuis des mois, pour laquelle on a l'accord des plus hautes instances client, jusque et y compris le PDG, qui est presque signée, que dis-je, presque signée, signée, aux dernières nouvelles, il ne manquerait plus que de décider de la valeur faciale du timbre-poste à coller sur l'enveloppe du courrier qui confirme la commande... il a servi et resservi, et il resservira encore, c'est moi qui vous le dis, à condition de ne pas en abuser, quand même.

Pourtant, chaque fois qu'ils se font avoir, les PDG se jurent qu'on ne les y reprendra plus. En vain, le besoin de rêve est le plus fort !

Et c'est ainsi que les semaines « maigres », dans les comités de direction en mal d'affaires d'Occident, du Moyen Orient, d'Afrique (pour l'Asie et l'Océanie, je n'ai pas vérifié, encore qu'il m'étonnerait fort que les mêmes causes ne provoquent pas les mêmes effets) un directeur commercial, appliquant à la lettre le vieux remède du « qui dort dîne », fait rêver ses collègues et son patron.

Autres chiffres à donner au comité de direction

Le reporting hebdomadaire ne s'arrête pas au chiffre de commandes. De nombreuses autres occasions de manifester sa mauvaise humeur sont offertes au PDG, qui concernent encore le directeur commercial, souvent à la fête, mais pas seulement lui.

L'orage passé, le directeur commercial peut donc commencer à se relâcher, tout en restant attentif à ce qui suit. L'état des livraisons, par exemple, qui conditionne le chiffre d'affaires, donc la rentrée du cash ; pourquoi n'arrive-t-on jamais à livrer ce qui était prévu ? En principe, c'est le responsable de la logistique qui va subir les foudres directoriales, mais, on ne sait jamais, le service commercial n'aurait-il pas commis quelque erreur dans la prévision ou la commande, qui le remettrait sur la sellette ?

Et les impayés ! Encore une rubrique qui fâche tout rouge les PDG qui se respectent ! Qu'est-ce que ça signifie, ces clients qui ne paient pas leurs dettes. Si les commerciaux étaient plus présents, ça se passerait autrement. Et encore pan sur le bec du directeur commercial !

Décidément, le directeur commercial n'est jamais tranquille dans le comité de direction !

Le reporting mensuel

Vous prenez les mêmes et vous recommencez

Les réunions hebdomadaires peuvent être précipitées, mais dans la réunion mensuelle de prévisions et de résultats, appelée parfois « comité business », on prend son temps, on rentre à fond dans les détails, on formalise. Parfois, quand ça ne va pas trop bien, le PDG exige que le directeur commercial fasse venir ses responsables d'activités – qui n'en mènent pas large – pour qu'ils s'expliquent directement sur leur contre-performance.

Il est certain que d'un comité hebdomadaire à un comité mensuel les conditions sont radicalement différentes : dans le premier, on peut toujours faire espérer un rattrapage la semaine suivante, dans le second, le chiffre d'affaires qui n'est pas rentré ne sera pas comptabilisé dans les résultats du mois, eût dit monsieur de La Palisse. Ce qui n'est pas tombé reste encore à faire, le retard pris ne se rattrape guère, et tout le talent du directeur commercial ne suffira pas à faire croire au comité de direction le contraire.

Quand vous êtes directeur commercial, et que vous souhaitez vous préparer à encaisser du mieux possible la réaction de votre PDG aux chiffres que vous allez présenter au comité business, il vous faut estimer deux paramètres. D'une part le niveau global de vos réalisations par rapport à votre objectif cumulé, et d'autre part le niveau de réalisation sur le mois par rapport aux prévisions pour le mois (Suis-je clair ?).

Pour vous aider, nous allons examiner ci-après quatre cas de figures que l'on rencontre couramment, et les réactions qu'ils provoquent.
Je rappelle ici, pour vous encourager, que, si vous avez établi, pour le mois en cours, des prévisions mauvaises (inférieures aux objectifs), vous vous êtes déjà fait copieusement houspiller lors du comité business précédent. Votre PDG, dont l'honnêteté intellectuelle et la bonne foi ne sauraient être mises en doute, ne devrait pas vous passer un savon ce mois-ci pour ce même motif.

Premier scénario de reporting

Vous êtes à l'objectif cumulé phasé[91], voire largement au-dessus, et vous avez très exactement réalisé, voire largement dépassé les prévisions du mois. Il n'y a que des raisons de vous féliciter, croyez-vous.
Vous vous rendez donc tranquille au comité. Erreur !
Si vous réalisez avec tant de facilité apparente et de précision vos prévisions, ne serait-ce pas parce que vous ne prenez aucun risque, que vous négociez à votre trop grand avantage des objectifs trop bas, et donc que vous ne vous donnez pas la peine de faire plus ? En poussant un peu le raisonnement, on pourrait vous soupçonner de travailler contre les intérêts de l'entreprise !
Et voyons un peu les mois qui viennent, le mois prochain en particulier, tiens, vos prévisions, on dirait qu'elles baissent sérieusement, ou n'est-ce qu'une impression ?... Vous êtes trop content de vous, mon vieux, vous vous relâchez, vous ne contrôlez plus vos troupes qui se la coulent douce, je les vois, quand je passe devant la machine à café, ils sont tous là, à rigoler. Je vous prédis qu'ils vont se casser la figure, et vous avec, et avant longtemps, si vous ne leur bottez pas sérieusement le train !

Deuxième scénario de reporting

Vous êtes à l'objectif cumulé phasé, voire largement au-dessus, mais, sur le mois, vous êtes en dessous de vos prévisions, lesquelles elles-mêmes pouvaient avoir été au-dessus de l'objectif, ce n'est pas ce qui compte. Vous n'imaginez pas une seconde cependant être en mauvaise posture, au contraire. Encore faux !

---

91. Phasé signifie que l'objectif mensuel n'est pas linéaire (1/12ᵉ de l'objectif annuel), mais tient compte des réalités économiques (selon l'activité, août sera beaucoup moins fort que mars ou juin, le premier semestre plus fort que le second...)

Vous allez vous faire sérieusement secouer! au double motif que non seule-ment vos troupes se relâchent (voir typologie précédente), mais qu'elles met-tent l'entreprise en grand danger par leur désinvolture et leur incapacité à éta-blir des prévisions réalistes. Pour le coup, vous ne maîtrisez absolument pas vos cycles de vente. C'est la conjoncture qui vous porte. S'il y a un retourne-ment, vous n'y verrez rien!

Quant à l'atterrissage de fin d'année, parlons-en d'ores et déjà, j'entrevois un gros risque de catastrophe!

Vous avez intérêt à resserrer les boulons!

Vous qui espériez presque des compliments, vous êtes servi... D'autant plus que vous ne lui donnez pas tout à fait tort, tout bien pesé, à votre PDG.

Troisième scénario de reporting

Vous n'êtes pas à l'objectif cumulé phasé, vous en êtes loin, vous n'avez pas même réussi à tenir vos prévisions du mois, lesquelles étaient de toute façon très en dessous de l'objectif.

Vous avez beau jouer profil très, très bas, le ton risque de monter très vite, pour atteindre le plus haut degré de l'échelle de Richter, jusqu'à l'éruption finale et votre licenciement immédiat, avec sortie accompagnée par un huissier, et vos affaires personnelles renvoyées par transporteur.

Quatrième scénario de reporting

Vous êtes très loin de l'objectif cumulé phasé, depuis déjà plusieurs mois. Vous avez jusqu'à présent échappé au licenciement, premier miracle.

Ce mois-ci, vous avez tenu pour la première fois de l'année vos prévisions. Des prévisions certes très inférieures à l'objectif, mais vous les avez bel et bien tenues, second miracle!

De ma longue et contrastée expérience, je crois que c'est le seul cas où vous pouvez vous rendre confiant au comité. Votre patron sera tellement surpris et charmé de votre performance qu'il ne saura que vous féliciter d'avoir eu le cou-rage et la détermination de repartir sur des bases réalistes et fiables. Tout juste s'il ne vous embrassera pas sur le front. Vous ressentirez nettement l'émotion qui gagne tout le comité réuni.

Et vous passerez enfin une bonne nuit de sommeil.

À ces quatre scénarios, ma conscience m'oblige à ajouter un com-mentaire qui n'est pas, je le crains, à l'honneur des commerciaux. Si vous êtes un fin observateur des mœurs des « comités business », vous n'aurez pas, en effet, manqué de noter qu'il en est des prévi-sions commerciales comme des prévisions de dépense de nos grands travaux publics, mais à l'envers. Tout au long de l'exercice budgé-taire, les commerciaux continuent contre les vents et les marées de l'évidence à établir tous les mois des prévisions qui laissent à penser qu'ils vont atteindre leurs objectifs, jusqu'à ce que, l'échéance approchant, le niveau des réalisations les oblige brutalement à reconnaître qu'on sera très en dessous des budgets. Pour les travaux publics, c'est la même démarche, sauf qu'en final, on est très au-dessus…

Ce que doit être le reporting commercial

Si ce n'est de constater que les résultats sont bons ou mauvais, distribuer bons et mauvais points, que peut apporter le comité de direction à la conduite des affaires ?

Les questions qui ne font pas avancer

Pour continuer dans la provocation, si la réponse était, « rien ou pas grand-chose », ce serait souvent un moindre mal. Hélas, des initiatives malencontreuses, sans qu'il s'agisse de mettre en cause la bonne foi de leurs promoteurs, contribuent à freiner, quand elles ne le brisent pas net, l'élan commercial, et à entretenir l'idée trop répandue chez les commerciaux qu'il serait tellement facile de vendre si leur propre entreprise ne s'acharnait à leur mettre des bâtons dans les roues.

Sans aller jusqu'à la caricature, il faut reconnaître que certaines interventions, dans les comités, peuvent atteindre des degrés insoupçonnés d'irréalisme ou de légèreté (sans volonté de nuire, pour la plupart, je tiens à le réaffirmer).

Le « yakafokon », qui fait bouillir le sang dans les veines du directeur commercial, la question faussement naïve et vraiment perfide qui va révéler au grand jour son « incompétence » : tenez, un exemple tout bête de phrase assassine : « Comment, vous ne savez pas qui sont vos concurrents dans cette affaire ? », le type même de phrase qui cloue le directeur commercial au pilori.

Hé bien, aussi surprenant que cela puisse paraître, il arrive que les concurrents sur une affaire ne soient pas connus, sans qu'il y ait lieu pour autant de taxer le directeur commercial d'incompétence.

Une courte digression en forme d'explication

Dans certains appels d'offres, le client estime avoir plus à gagner à laisser les fournisseurs dans le doute, pour des raisons opposées.

Soit par déontologie : chacun fait l'offre qu'il estime pouvoir faire dans les meilleures conditions, et le client choisit la meilleure. Le client suppose ainsi, avec quelque raison, que, si le fournisseur ne subit aucune pression, il fera la meilleure offre qu'il est capable de tenir dans une optique gagnant/gagnant.

Soit par volonté de manipulation, procédé que je n'hésite pas à qualifier de malhonnête : on pousse le fournisseur que l'on veut retenir[92] à un maximum de concessions, dût-on mettre son existence en péril, en entretenant l'idée qu'une autre offre, non nommée, pour qu'aucun recoupement ne soit possible, tiendrait la corde, mais que c'est quand même lui qu'on préfère, à condition qu'il fasse encore un (gros) effort. Cet état d'esprit, qui fleurissait il y a quelques années (sous l'influence des centrales d'achats), est fort heureusement en train de changer dans les grands comptes, sous la férule de services achats responsables.

En ce qui me concerne, savoir précisément quels concurrents se trouvent en face de moi, du moment que j'ai pu vérifier que les dés ne sont pas pipés et que l'appel d'offres est véritablement ouvert, ce n'est pas tellement ce qui me préoccupe. Je ne fais pas mon offre en fonction de tel ou tel, c'est le meilleur moyen de perdre une affaire, je la fais en fonction du besoin et des attentes que j'ai cru déceler chez le client. Je me plante de temps en temps, mais pas plus que ça.

Mais revenons à nos questions embarrassantes

Le récurrent : *« Comment, le PDG ne vous a pas reçu ! Ce n'est pas possible, on va se faire rouler dans la farine ! »*

Je le précise de nouveau : il y a mille raisons pour qu'un PDG ne vous ait pas reçu. D'abord, tous les PDG ne s'intéressent pas forcément à ce que vous vendez, ensuite lorsqu'il s'agit d'une offre importante, vous ne serez reçu à « haut niveau » que lorsque vous serez au minimum retenu pour la phase finale de la compétition. C'est à ce moment seulement, que vous obtiendrez un rendez-vous pour votre PDG, en espérant qu'il ne rompra pas le charme en commettant une de ces bourdes qui font la joie du petit personnel de votre entreprise, mais pas nécessairement la vôtre (je plaisante, la plupart des PDG que j'ai connus étaient tous très bons en clientèle).

---

92. La description gestuelle paraît contradictoire : pousser et en même temps retenir, c'est pourtant ce qui se passe.

Autre raison, enfin, il est évident que lorsque vous essayez d'entrer dans un nouveau compte, vous ne bénéficiez pas de l'avantage d'un fournisseur en place qui connaît tout le monde, il vous faudra montrer d'abord ce que vous savez faire avant d'obtenir une entrée au saint des saints.

Aussi, est-il indispensable qu'on vous rappelle, comme si vous l'ignoriez, qu'il serait souhaitable que vous obteniez ce fameux contact à « haut niveau » dont la mention même provoque une éruption de bouton sur le visage bronzé mais fatigué de tout directeur commercial digne de ce nom ?

Ou cette pique, encore : « *L'offre est trop basse, on perd de l'argent, là, il faudrait que vous arriviez à vendre plus cher, mon vieux !* »... quand vous croyez être le seul de tous les membres du comité de direction à avoir une vision réaliste des prix pratiqués par la concurrence, encore plus bas que les vôtres, et dont vous proclamez que vous vous en fichez, mais que vous surveillez du coin de l'œil quand même.

Un reporting efficace

Nous sommes tous d'accord là-dessus : le reporting répond au besoin légitime de tout patron de savoir ce qui se passe dans sa boutique, et d'en contrôler l'activité. Si les rapports entre directeur général et directeur commercial sont souvent difficiles, la difficulté est inhérente à leur activité respective. Du point de vue du directeur général, en effet, le réseau commercial maîtrise une « zone d'incertitude », comme diraient les psycho-sociologues, vitale pour l'entreprise : les commandes clients, et, partant, le chiffre d'affaires.

Cette idée que le directeur commercial garde pour lui des informations vitales pour l'entreprise, surtout dans les périodes délicates, est profondément ancrée dans l'esprit des directeurs généraux. Quand vous êtes directeur commercial, quelle que soit votre attitude, quelques preuves que vous donniez de votre transparence, vous vous heurterez régulièrement à l'inquisition de votre patron. Vous en aurez gros sur le cœur sur le moment, mais dites-vous, pour vous remonter le moral, que son attitude est normale, qu'elle traduit l'angoisse de celui qui délègue, qu'il la regrette déjà. Un peu plus tard, il viendra peut-être dans votre bureau, l'air de rien, vous parler de choses et d'autres, pour se faire pardonner... jusqu'à la prochaine fois.

Sur un plan « technique », le reporting commercial permet aux responsables de se faire une idée précise de ce que seront les commandes et le chiffre d'affaires, et donc de se préparer à augmenter ou à diminuer la voilure selon que les nouvelles sont bonnes ou mauvaises. La production va s'ajuster en fonction des volumes annoncés, le marketing tirer les leçons des succès et des échecs, la DRH anticiper sur des arrivées ou des départs, la direction générale adapter sa stratégie, etc.

La qualité des prévisions de vente est donc essentielle dans le contexte actuel : que les réalisations soient nettement inférieures ou nettement supérieures aux prévisions et aux objectifs, et l'entreprise est dans les deux cas dans l'embarras, parce qu'elle n'aura pas pu utiliser à bon escient l'un des nerfs des affaires, l'anticipation. L'une des premières conséquences, la plus visible à court terme, c'est que dans le premier cas elle sera incapable d'écouler les stocks constitués (ou, pour les sociétés de service, le personnel recruté) sur la foi de prévisions trop optimistes, et dans le deuxième cas, elle ne saura pas honorer les commandes non prévues. À plus long terme, si les écarts sont trop importants, c'est l'existence même de l'entreprise qui est menacée[93].

Cette vision « bottom up »[94], le reporting pourrait n'être que cela. Mais, s'il n'est qu'un processus de remontée de prévisions, ce qui n'est déjà pas si mal, le reporting manque deux autres objectifs (et aspirations des commerciaux) au moins aussi décisifs : *intégrer l'organisation commerciale comme un élément essentiel de la stratégie de l'entreprise,* pas seulement comme un organe d'exécution de cette stratégie, et *impliquer toute l'entreprise dans la conduite des affaires, le reporting étant l'outil par excellence pour contrôler et influencer le déroulement du cycle de vente.*
Cerise sur le gâteau, on constate que *dès que les entreprises prennent en compte ces objectifs, la qualité du reporting commercial n'est plus un problème endémique, mais devient un avantage compétitif.*

93. Dans la high tech en particulier, un produit qui n'est pas vendu dès sa sortie d'usine a toutes les chances de rester sur les étagères. Un client qu'on ne sait pas satisfaire rapidement part à la concurrence.
94. De bas en haut, et son contraire « top down », de haut en bas.

La place du reporting commercial dans la stratégie de l'entreprise

Un chef d'entreprise dispose de tous les outils et indicateurs qu'il peut souhaiter réunir pour connaître l'état de son entreprise à un instant donné.

En revanche, lorsqu'il doit anticiper l'avenir, ou autrement dit, pour être dans l'actualité des start-Up, lorsqu'il construit son business plan[95], le chef d'entreprise ne peut s'appuyer que sur trois données absolument fiables : le carnet de commandes, le récurrent[96] client, et ses coûts fixes (et encore, ça peut évoluer).

Tout le reste est de la supputation : les tendances du marché peuvent se renverser, le prix des matières premières évoluer, les cours des monnaies ne pas répondre aux prévisions, il peut prendre la fantaisie à un ministre de changer complètement la donne en introduisant une nouvelle taxe ou en bouleversant la réglementation… *L'entreprise peut arriver à surmonter toutes les incertitudes, à condition que l'argent continue de rentrer, ce qui sous-tend que les clients continuent à passer des commandes.*

Et faire en sorte que les commandes arrivent, c'est de la responsabilité de l'organisation commerciale !

Le commercial, baromètre de la stratégie de l'entreprise

Si les commandes ne sont pas à la hauteur des espérances, il y va toujours de la responsabilité commerciale. Au moment précis où les commandes ne rentrent plus, dans une entreprise pour laquelle les affaires se déroulaient correctement jusque là, « la phase de retournement des affaires », le diagnostic montrera presque à coup sûr que les prévisions ne sont pas fiables, et que les commerciaux, directeur commercial en tête, sont mauvais. D'où les attitudes sus décrites, lors des comités de prévision, et les solutions invariablement adoptées : colère, purges, formation des forces de vente, programmes de motivation…

---

95. Dans un business plan à cinq ans, c'est incontestablement la prévision de la cinquième année qui est la plus facile à construire, parce que ce que vous avez prévu pour dans cinq ans, ça ne se réalise de toutes façons jamais, et d'ici là, plus personne ne s'en souviendra.
96. Chiffre d'affaires qui revient tous les ans. Exemple : contrat de maintenance de matériel ou de logiciel, facturé systématiquement tous les trimestres ou tous les ans, jusqu'à dénonciation par le client.

Je veux bien, mais, comment expliquer alors que ces mêmes commerciaux, quand les commandes rentraient normalement, étaient bons et faisaient de bonnes prévisions. Et encore, que, partis ou licenciés, ils refont de bonnes prévisions et redeviennent bons... ailleurs?

L'explication que j'en donne est que, *si un mauvais commercial ne devient pas pour autant bon quand il officie dans une bonne entreprise, un bon commercial devient à coup sûr mauvais lorsque son entreprise est mauvaise.* Et je ne vois pas de bonne raison pour qu'un mauvais commercial fasse de bonnes prévisions.

Et si on écoutait le terrain quand tout va bien?

Quand vous recherchez en profondeur les raisons pour lesquelles une entreprise a vu brutalement dégringoler son chiffre d'affaires, vous vous apercevez qu'en réalité cette chute apparemment brutale aurait pu être anticipée pour peu que l'entreprise soit restée à l'écoute de ses clients. Et pour l'écoute des clients, je ne vois pas que l'entreprise dispose d'un meilleur outil que le truchement du commercial. À preuve, toute la question du E-Business aujourd'hui, est de créer un ersatz de contact commercial pour donner au client cybernétique le sentiment qu'à l'autre bout de son PC un être de chair et de sang prend en considération ses desiderata, à lui, et qu'il ne représente pas pour son fournisseur un ectoplasme dans un magma de consommateurs anonymes.

Je vous donne un exemple du risque que court une entreprise, aussi florissante soit-elle, lorsqu'elle n'écoute pas son terrain. Le nom de la firme et ses malheurs étant du domaine public, je n'ai pas de raison de le taire.

NIXDORF, dans les années 80, était l'un des tout premiers fournisseurs en Europe de l'informatique des agences bancaires. Du jour au lendemain, c'était en 1986 ou 1987, NIXDORF, qui vendait ses solutions à tour de bras, et à un prix astronomique, n'a plus rien fait, et le phénomène s'est vérifié partout où NIXDORF était présent! Bien plus, NIXDORF a perdu en très peu de temps tout son parc installé, ce qui l'a privé quasi instantanément de tout son revenu récurrent, et lui a interdit d'investir dans de nouvelles offres.

Pendant la descente aux enfers, les commerciaux continuaient à visiter régulièrement leurs prospects, à participer aux appels d'offres que les banques continuaient à leur envoyer, puisqu'ils en avaient été jusque-là un partenaire incontournable. Ils continuaient à produire des prévisions « normales », à faire des pronostics de transformation en commandes en phase avec l'expérience des appels d'offre passés et du taux de réussite observé jusque-là.

Bref, aucune anomalie dans leur activité... Le problème, c'est que leur activité ne produisait plus de ventes.

Le marché avait choisi la micro-informatique. NIXDORF, avec ses solutions propriétaires et horriblement chères, n'était plus du tout dans le marché.

Pourtant, les commerciaux de NIXDORF essayaient depuis pas mal de temps de convaincre leur entreprise de moderniser l'offre. Mais on ne les écoutait pas. Chez NIXDORF régnait un état d'esprit tel que, en dehors des commerciaux qui étaient les seuls à entrevoir le désastre à venir, pour subir quotidiennement les avertissements de leurs clients, personne ne voulait envisager qu'il faille revoir de fond en comble la stratégie qui avait porté NIXDORF aux sommets. NIXDORF a disparu, dilué dans les multiples activités du géant SIEMENS.

La leçon de cette mort d'entreprise est double :

Considérer qu'élaborer la stratégie de l'entreprise est affaire trop sérieuse pour que le commercial s'en mêle conduit à se priver d'une source d'anticipation qu'aucun autre apport interne ou extérieur ne peut égaler.

Vos propres clients, qui sont ceux qui vous achètent, vous donneront un retour nettement plus pertinent sur votre offre et vos intentions, que des études générales ou spécifiques sur le « marché », dont les recommandations n'engagent que ceux qui les suivent.

Le reporting commercial, réduit à la seule remontée de prévisions, n'est pas un outil d'anticipation, mais une chambre d'enregistrement.

Si on ne les écoute pas, les commerciaux finissent par participer à l'incurie du système[97]. Comme leur métier est d'aller voir des clients et de leur proposer ce qu'ils ont à vendre, ils continueront à prospecter, à faire des prévisions optimistes, mal, pas convaincus, victimes aussi de leur référentiel passé, jusqu'à la fin.

« L'entreprise commerciale », reporting et cycle de vente

Dans la conduite de la guerre, les militaires utilisent les notions de **stratégie, d'opératique,** de **tactique** et de **logistique.**

Si j'ai compris de quoi il en retourne, la stratégie est l'art de se donner

---

97. Lorsque vos commerciaux ne se plaignent plus, attention, c'est que ça va très mal.

l'avantage, en développant ses propres forces et en tirant parti des faiblesses de son adversaire. La stratégie prépare la guerre pour ne pas avoir à la faire, ou pour la gagner le plus vite possible et au moindre coût, si elle s'avère inévitable.

L'opératique, comme son nom l'indique, est l'art de diriger les opérations, de conduire l'adversaire à combattre sur votre terrain, de concentrer au bon moment et au bon endroit les ressources nécessaires pour l'emporter.

La tactique, c'est l'art de s'adapter aux conditions du terrain pendant le combat.

La logistique, c'est l'intendance. Si elle ne suit pas, les stratégies les plus élaborées s'écroulent comme château de cartes.

Pour développer un parallèle cher au vocabulaire des affaires, on peut affirmer sans trop craindre d'objection majeure que l'entreprise a d'autant plus de chances de remporter ses batailles commerciales (on ne gagne jamais la guerre, la bataille commerciale est toujours à recommencer) lorsqu'elle sait prendre une position avantageuse, lorsqu'elle a placé à sa tête un chef qui sait diriger les opérations, lorsque l'intendance suit, et enfin lorsque son organisation commerciale lui permet de s'adapter instantanément aux conditions du terrain.

Nous avons développé plus haut ce qui, dans le reporting, touche à la stratégie et à la logistique, essentiellement les prévisions et la remontée des informations client-marché, il nous reste à aborder l'opératique et la tactique.

Poursuivons pour un court instant le parallèle militaire : c'est le chef d'entreprise qui est le chef du service commercial, comme le Président de la République Française est le chef des armées.

Le chef d'entreprise est le chef du service commercial

Vous êtes PDG, vous voulez tout connaître des affaires que vos commerciaux traitent, c'est normal. Eux apprécient l'intérêt que vous leur portez...

Vous exigez d'être tenu informé quasiment en temps réel.

Votre exigence ne va pas sans contrepartie. Les commerciaux attendent de vous de l'assistance, des instructions, des conseils, et surtout de la compréhension, dans le calme et la sérénité. Votre attitude et votre implication doivent les encourager, leur montrer que vous tenez bon la barre, que vous vous intéressez à leurs affaires, qu'ils peuvent compter sur vous et avoir confiance en votre jugement. Vous saurez payer de votre personne au moment décisif, jusqu'à vous substituer si nécessaire au commercial.

La direction générale valide et encourage l'action commerciale, lui donne les moyens d'agir et de progresser, et affecte les ressources là où elles seront le plus efficaces.

Ce qui fait que lorsque le commercial fait remonter une prévision sur une affaire importante – ne parlons pas du business courant, trop s'en mêler provoquerait l'effet inverse à celui recherché –, il aura le sentiment que toute l'entreprise est derrière lui pour l'aider à la gagner !

Un peu plus de détails

Pendant tout le cycle de vente, en fonction du reporting effectué par le commercial, il sera de la responsabilité de la direction générale de tenir à disposition les moyens nécessaires en fonction de l'évolution de l'affaire. Quant on parle de moyens, mettons-nous d'accord : c'est le commercial qui mène la danse **sur le terrain** *– la tactique –;* c'est la direction générale qui apporte la stratégie, l'opératique et la logistique, englobant les ressources intellectuelles et matérielles de l'entreprise.

Un mot encore sur la logistique

Aujourd'hui, compte tenu des moyens énormes d'avant-vente que requièrent les conditions du marché, il est absolument normal que ce soit la direction générale qui contrôle les dépenses d'avant-vente. En d'autres termes, l'arbitrage des dépenses d'avant-vente entre les grands projets doit dépasser le cadre des directions commerciales pour concerner au moins la direction opérationnelle, charge à elle de motiver sans passion ses décisions d'allocation, de modification ou de refus, et surtout ne pas donner un sentiment d'arbitraire.

Le commercial, content ou pas content (les commerciaux, par réflexe plus que par raison, ont en principe le sentiment de perdre leur temps lorsqu'on les oblige à « vendre en interne », il faut le savoir), doit être persuadé qu'on ne lui allouera pas les moyens qu'il réclame sur sa seule conviction, et que défendre ses demandes auprès de sa direction est de son entière responsabilité.

La direction générale est un acteur du cycle de vente

Le lobbying auprès des directions générales, que je considère comme d'une utilité très relative en amont des affaires, est en revanche indispensable pour appuyer, en temps opportun, une grosse proposition.

Si vous connaissez M. X, directeur général de l'entreprise dont vous convoitez la clientèle, il sera beaucoup plus profitable à votre cause de faire pression amicale sur lui lorsque vos affaires seront bien engagées auprès de ses collaborateurs, que de lui parler de votre proposition avant qu'il ait la moindre idée de ce qu'ils en pensent.

Cette considération mérite une courte digression :

Nous sommes au comité de direction de votre prospect, au moment où le choix final du prestataire pour le projet auquel vous avez souscrit est débattu.

Comment pensez-vous que ça va se passer ? Vous le savez, puisque vous animez le vôtre.

Le responsable interne du projet présente ses conclusions au comité. Il a en général une préférence, mais, en plus ou moins fin politique, il ne va pas la dévoiler totalement, et présenter au minimum deux offres, d'abord pour ne pas trop se « mouiller », et aussi pour donner le sentiment au comité qu'il ne lui vole pas le privilège de choisir.

Mettons que la proposition de votre entreprise ait les faveurs du responsable du projet, encore que celui-ci ne soit pas disposé à jouer sa tête pour vous défendre, ce qui est courant et compréhensible. Mettons encore que votre entreprise ne soit connue et appréciée que des professionnels de votre métier, mais pas du grand public, contrairement à l'offre alternative présentée.

Eh bien, ce qui peut se produire, c'est tout simplement qu'un des membres du comité, absolument pas impliqué dans le projet, sans arrière-pensée, et dans le simple but de montrer tout de même un intérêt poli, pose le genre de question anodine de type « dites, c'est quoi, la société Machin, je n'en ai jamais entendu parler avant aujourd'hui », ou encore « l'autre est plus connue, elle n'est pas tellement plus chère, vous pensez qu'elle ne saurait pas faire ? ».

Et patatras, si votre chef de projet perd ses moyens, et si vous n'avez personne pour vous défendre au comité de direction, vous avez perdu l'affaire, il n'en faut pas plus.

Je reviens donc à la décision finale. Lorsqu'elle se dessine en votre faveur, un membre représentatif du comité de direction de votre entreprise doit avoir rencontré, ou au moins eu au téléphone, pour une conversation efficace, un membre éminent et représentatif du comité de direction de votre prospect, qui saura se souvenir de votre échange au moment du choix.

La direction générale doit savoir se substituer au commercial

Je suis, vous l'aurez déduit en lisant ce livre, assez chatouilleux sur les prérogatives du service commercial, et par conséquent hostile à ce que les directions générales viennent interférer dans ce qui relève de la responsabilité pleine et entière du commercial.

Il est cependant un trait de caractère du commercial qui me conduit parfois à m'affranchir de ce principe. Les commerciaux, même les plus accrocheurs, lorsqu'ils sentent qu'une affaire s'éternise et va leur échapper, ont tendance à baisser d'un seul coup les bras. Le plus souvent, leur ressenti est bon, l'affaire est vraiment perdue, et il n'y a rien à faire.

Il arrive que, dans certains cas, un « baroud d'honneur » musclé, d'un directeur général convaincu, renverse une situation désespérée. Autant vous le dire, le cas de figure est très rare, mais ça arrive.

Ce type de sauvetage, qui sera tenté contre l'avis du commercial, pour qui c'est sans espoir, n'est envisageable que s'il est mené par les plus hautes instances de l'entreprise, le PDG, en l'occurrence. Lui seul dispose de la crédibilité indispensable pour mettre tout son poids de patron dans la balance.

Il faut aussi qu'un certain nombre de conditions soient réunies, que le PDG ne pourra apprécier que s'il est suffisamment impliqué dans l'affaire pour considérer que ça vaut la peine pour lui de jouer sa chance et de courir le risque de se décrédibiliser auprès de ses troupes.

Stratégie des cycles de vente

Il m'a semblé que ce chapitre est une bonne occasion de remettre en perspective le travail commercial, et de préciser, à travers le reporting, la responsabilité des acteurs dans les différentes phases du cycle de vente.

Commençons par le commencement. C'est au commercial, bien entendu, qu'il incombe de trouver de nouveaux clients. Il ne viendrait d'ailleurs à personne d'autre dans l'entreprise l'idée saugrenue de se lancer dans la prospection quand le commercial est là pour ça !

Avançons. Lorsqu'une affaire prend tournure, c'est encore au commercial, pas à sa hiérarchie directe, et encore moins à la direction générale de l'entreprise, de déterminer la *tactique* qui va être appliquée au client pendant le cycle de vente. C'est au management de qualifier l'affaire et de décider du budget à mobiliser pour la réaliser, mais, une fois cela fait, la responsabilité de la vente revient au commercial du compte, quels que soient les enjeux ! Et c'est encore à lui de mettre en marche et de coordonner les rouages de l'entreprise.

Si vous vous mettez à penser que le commercial n'a pas le bon niveau pour piloter l'affaire, c'est que vous vous êtes trompé sur lui en lui confiant le compte, ou que l'organisation de votre réseau n'est pas bonne. Résistez à la tentation de vous substituer à lui, le remède serait pire que le mal. Aidez-le à s'en sortir quand même.

Vous objecterez que le succès ou l'échec final se jouent sur trop de paramètres qui ne dépendent pas tous du commercial, et que les investissements en avant-vente sont trop importants pour qu'on puisse se permettre de lui laisser la bride sur le cou, que dans un tel contexte et face à une telle pression, c'est lui rendre un fieffé service que de ne pas le mettre trop en avant !

Vos sentiments vous honorent, mais, dans la réalité, le commercial y est bien, en avant, et ce serait de toute façon à lui d'assumer, d'accord ou pas d'accord sur la tactique que vous auriez élaborée à sa place. Et c'est tout de même lui qui connaît le mieux les réactions du compte, c'est lui qui devra chercher à savoir si les conditions financières que vous proposez sont en phase avec le budget que le client a prévu, si la solution technique offerte est effectivement celle attendue, si les conditions de maintenance sont compatibles avec les impératifs du métier. C'est lui qui connaît les acteurs du compte, leurs faiblesses, leurs marottes, leur schéma personnel, les inimitiés entre services, les leviers qui permettent d'actionner les uns et les autres…

C'est lui qui va essayer par tous les moyens de garder le contact pendant la phase de choix, pour être en mesure de réagir au moindre signe d'évolution de l'affaire.

Si vous ne lui faites pas suffisamment confiance pendant les phases cruciales de la vente, le commercial, c'est couru d'avance, va se sentir mal aimé, incompris, frustré, délaissé, abandonné, piétiné (je vous laisse le choix de tous les autres qualificatifs que votre imagination vous dictera, ils seront tous à propos, le commercial ressentira tout ce que vous voudrez qu'il ressente si vous lui faites le coup du va jouer dans la cour et ne dérange pas les grandes personnes qui travaillent). Il aura le sentiment qu'on lui laisse le sale boulot, (la prospection et la relance, les deux choses que personne n'aime faire), et que sa hiérarchie se réserve les tâches honorables et gratifiantes.

Alors, tel Achille devant Troie, il se retirera sous sa tente en se disant « puisqu'ils veulent faire à ma place, qu'il se dém… ».

Le client, à un moment du cycle où il s'attend à être littéralement assiégé par ses fournisseurs potentiels, ça ne lui fait pas un très bon effet de se rendre compte que votre service commercial manque de pugnacité ou est carrément absent.

Quelle que soit la qualité de la proposition que votre entreprise aura faite, et dans cet espace temps où tout le monde est à cran, il ne lui en faut pas plus pour perdre confiance. C'est terminé, il n'y a plus rien à faire, vous avez perdu !

Quand une direction générale s'est trop investie dans une affaire perdue, elle en retirera l'une ou plusieurs des trois excellentes conclusions que voici, lors du comité de direction qui suivra la décision négative :

La première, la plus fréquente – le client est « incompétent », il n'a rien compris à son propre besoin, comment eût-il pu comprendre notre offre généreuse et professionnelle qui justement avait compris son problème… *« Heureusement qu'on n'a pas conclu l'affaire avec un pareil zigoto, on allait tout droit à la contre référence et au procès… »*

La seconde, la plus fréquente aussi – *« le commercial n'a pas été bon sur ce coup-là ; il n'a rien compris au problème du client, heureusement qu'on a pris les choses en mains, si on l'avait laissé faire, il allait nous embarquer dans une sacrée histoire, il faudra réfléchir à ce qu'on va en faire à l'avenir, de ce zèbre, ce n'est pas la première fois qu'il nous sort un coup tordu… »*

La troisième, encore la plus fréquente – « *le concurrent qui a pris l'affaire, dites-donc, il n'est pas sorti de l'auberge! Bien fait, pendant qu'il s'enlise dans ce bourbier, nous, on sera peinards pour prendre les bons business, et on n'est pas en peine, il n'y a qu'à se baisser...* »
Le directeur commercial, dans son coin, n'aura pas pipé mot, trop heureux qu'on ne lui mette pas tout sur le dos.

Cela dit, si vous laissez le commercial faire son boulot et si chacun fait le sien, je n'hésiterai pas à admettre (peut-être au grand dam de mes collègues directeurs commerciaux), que la perte d'une affaire qualifiée est un échec qui incombe au commercial et seulement à lui, parce que c'est à lui et à personne d'autre de rassembler et d'exploiter tous les paramètres de la vente, qu'ils dépendent ou non de lui.
J'attends cependant en retour qu'on lui attribue une part des succès.

Pratique du reporting

Mon objectif, ici, n'est pas de rentrer dans le détail des outils existants. Les moins complets permettent encore d'obtenir à peu près tout ce que l'on veut. Le vrai problème, comme toujours, est la pertinence des informations que l'on met dans le système.

J'essaierai plutôt en conclusion de ce chapitre de répondre à quelques interrogations.
Est-il compliqué de mettre en place un reporting réellement opérationnel, tel que j'en ai rappelé ci-dessus les principes élémentaires?
Est-il réaliste de demander aux dirigeants de participer, beaucoup plus qu'ils ne le font, pour la plupart, au cycle de vente, quand on sait que la vente demande une disponibilité qui bouleverse régulièrement les agendas, totalement incompatible avec des plannings ultra tendus?

Si l'entreprise ronronne dans un reporting routinier depuis des lustres, il faudra beaucoup de temps et d'opiniâtreté *de la part du Directeur Général,* et de lui seul, pour que les mentalités des uns et des autres évoluent, pour faire mesurer aux commerciaux qu'un bon reporting leur permet d'obtenir un meilleur concours de leur entreprise, et aux cadres dirigeants que leur plus grande implication contribue à rendre plus performant et plus fiable le réseau commercial. La gestion du changement sera délicate, l'entreprise vivra des régressions, lorsque les résultats ne seront pas à la hauteur des espoirs annoncés.

Mais les résultats viendront, même dans l'imperfection d'un apprentissage de collaboration, si le Directeur Général, encore une fois, donne l'impulsion et montre l'exemple.

Quant aux sempiternels problèmes de disponibilité, si les dirigeants veulent mener une réflexion plus générale sur leur valeur ajoutée « optimisée » dans l'entreprise, ils dénicheront dans leur emploi du temps de nombreuses tâches qu'ils pourraient sans dommage déléguer à d'autres qui s'en acquitteront fort convenablement[98]. Ce qui compenserait à mon avis largement le surcroît de participation aux affaires.

Et puis, n'oublions pas les formidables moyens de communication dont nous disposons tous aujourd'hui. Les technologies et les usages Internet offrent aux dirigeants qui voudront s'en servir et qui sauront en maîtriser les effets « secondaires » parfois dérangeants pour l'ordre établi, les moyens rêvés de concertation entre les différents acteurs du processus commercial.

Avec Internet, en effet, mesdames et messieurs, sachez qu'il est possible, et toléré par l'usage, de faire passer très directement les « messages » importants, dans les deux sens, sans souci ni hiérarchique, ni de politesse, ni même de syntaxe, l'outil rêvé en somme pour un dirigeant qui veut être près de ses troupes… avec la réserve qu'il est aussi possible d'en perdre le contrôle.

---

98. Jusque début des années 80, les Directions Générales se sont beaucoup intéressées à la production, depuis elles s'investissent énormément dans la Finance, il n'est que temps que le commercial bénéficie de leur attention.

L'essentiel, pour moi... et peut-être pour vous aussi

Comment organiser le reporting commercial pour qu'il soit autre chose qu'un défouloir pour le DG, une chambre d'enregistrement pour le Comité de Direction, et une corvée particulièrement désagréable pour le commercial?...
En faisant du processus de reporting le véhicule de l'implication de toute l'entreprise dans la conduite des affaires, à l'exemple du chef d'entreprise.

1 – C'est au réseau commercial, son Directeur en tête, de donner l'exemple, en produisant des *prévisions sincères, loyales, transparentes et en temps utile.*
La prévision de commandes n'est certes pas une science exacte... ce n'est pas une raison pour tolérer des chiffres « arrangés », qui déconsidèrent le service commercial, dans l'espoir de retarder des explications délicates.

2 – Règle du jeu de la prévision – côté réseau commercial.
– Sincérité : reporter ce que l'on ressent comme possible, et pas ce que l'on croit susceptible de vous accorder un « sursis à statuer. »
– Loyauté : informer la hiérarchie de tout événement important pour le compte, fût-il défavorable à vos affaires.
– Transparence : ne pas garder d'affaires cachées pour obtenir et assurer des objectifs faciles.
– Ponctualité : établir les prévisions à temps, aussi peu enthousiasmantes soient-elles, au lieu d'attendre la nième relance des services administratifs, qui ont leurs impératifs, et que vous gênez dans leur activité.

3 – Contrôler la qualité des prévisions de commandes – Le tableau de bord des prévisions.
– Mettre en place un tableau de bord de « transformation des prévisions », qui prenne en compte le nombre et le montant des affaires en portefeuille, la durée de présence de l'affaire en portefeuille, son évolution, et le taux de transformation en ventes.

– Amener chaque commercial à se rapprocher du ratio idéal en ajustant son activité et en qualifiant mieux ses prévisions.

...

...

– Utiliser le tableau de bord comme outil central du management de l'activité commerciale :

Si le ratio idéal est de une affaire réalisée sur trois en portefeuille (AR/AP = 30 %), le volant d'affaires doit être de trois fois l'objectif de commandes (AP/OC = 3).

Le commercial qui dépasse largement le ratio AR/AP, et tient le ratio AP/OC, est soit un génie de la vente s'il exerce dans un environnement nouveau compte – à traiter avec tous les égards, soit un bon éleveur dans un très bon territoire de clients fidèles – à rééquilibrer.

Le commercial nettement au-dessus pour AR/AP, et nettement en dessous pour AP/OC, ne dit pas tout de son activité, probablement insuffisante, et profite d'un territoire de sénateur – à secouer.

Le commercial très en dessous pour AR/AP et à niveau pour AP/OC gonfle artificiellement son manque d'activité, ou de talent, d'affaires mal qualifiées ou inventées – à traiter.

Dernier cas, tous les commerciaux se mettent à sortir largement de l'épure :

Si c'est par le haut, votre offre est trop performante, peut-être pas assez chère, peut-être sans concurrence, pour l'instant. Ce n'est pas le moment de se laisser gagner par l'euphorie, au contraire, il est temps d'anticiper un retour à la normale, souvent plus proche qu'on ne le croit.

Si c'est par le bas, votre offre est en train de perdre le marché. Il est urgent de réagir, et autrement que par de la formation des commerciaux.

4 – Le rôle *essentiel* du management dans la qualité du reporting.

Pour obtenir un reporting de qualité, le management doit être crédible et loyal :

– garder à l'esprit que le commercial qui se fait maltraiter lorsqu'il présente des prévisions sincères et réalistes, mais pas très bonnes, ne cherchera plus ensuite qu'à éviter les coups.

– ne pas se servir de la prévision comme d'un défouloir, interdire au contraire toute mise en cause de personnes, et toute polémique entre les services. L'intérêt du reporting n'est pas de constater le passé, mais de se donner les moyens de réussir les affaires en cours et à venir.

– se montrer proche des préoccupations du terrain. Savoir demander

...

...

le maximum, mais pas l'impossible. Bannir le « *vounavéqua* », le « *vouzoriédu* » et le « *moaavotrplace.* »
– participer *à son niveau* aux cycles de vente. Faire confiance, mais savoir reprendre la main, intervenir au bon moment *chez le client.*

5 – Piloter les affaires comme un projet.
Un moyen efficace de traiter les affaires au niveau du comité de direction est de s'inspirer des *méthodes de pilotage de projets* des cabinets de conseil.
– Objectif à atteindre : quelle est la meilleure offre que l'entreprise peut élaborer?
– diagnostic de l'existant : analyse de la position concurrentielle et de la position dans le compte.
– écarts : risques constatés, actions nécessaires pour se donner les meilleures chances.
– moyens et responsabilités : désignation de l'équipe projet, mise en œuvre du plan d'action.
– Suivi du plan d'action : chaque membre du projet, quel que soit son niveau hiérarchique, PDG compris, rend compte régulièrement de son activité aux membres du projet.
Le commercial responsable du compte assume la direction du projet.
Cette approche peut être mise en œuvre par le comité de direction pour les clients « clé », hors affaire particulière, à travers des revues régulières de comptes, et pour les grosses affaires en cours.
(Vous trouverez des modèles types dans tous les ouvrages d'animation de forces de vente).

6 – Problème : Maintenir la qualité du dispositif dans la durée.
Les intentions affichées lors de la mise en place de « bonnes pratiques » de reporting ne persistent généralement pas, *lorsque l'initiative de leur suivi est laissée au commercial.*
Pour que le reporting reste une arme incomparable de management des affaires, c'est à la Direction Générale de maintenir la pression.
– Fixer le calendrier des revues de compte et des comités business, et lui donner une *priorité absolue :* si le DG concerné en décale régulièrement la tenue, s'il se fait souvent excuser, les commerciaux en concluront qu'il est beaucoup plus urgent de faire autre chose que de perdre son temps à des paperasses qui n'intéressent pas la Direction.

...

...

– Pas de comité business sans *plan d'action* avec des échéances à respecter, *émanant* de la DG, et *suivi* par elle. **L'assistante du DG,** forte de l'autorité de sa fonction, est le moteur idéal pour en assurer le secrétariat général : à elle de relancer les retardataires, en n'omettant pas de les signaler au DG, lequel se fera un devoir de ne tolérer aucun manquement.

Il faut un certain temps pour que le système se mette à fonctionner sans contrainte, mais, lorsque les commerciaux seront persuadés qu'ils n'échapperont pas au reporting, qu'on ne tolèrera pas qu'ils enjolivent la réalité, mais qu'en échange on ne les mettra pas plus bas que terre parce qu'ils rencontrent quelques difficultés, et qu'au contraire le Comité de Direction, le PDG lui-même ne rechignent pas à descendre dans l'arène ou à activer les moyens nécessaires, alors ils produiront un reporting de qualité, sincère, en temps voulu, et sans relance.

© Éditions d'Organisation

Chapitre 7

Motiver ses forces commerciales

Parfois le comité de direction constate que le chiffre d'affaires n'augmente pas aussi vite qu'il a été budgété, avec pour conséquence fâcheuse et contrariante que les projets d'investissements soigneusement concoctés pendant de longues séances de travail risquent de passer à la trappe. Ou bien il mesure que, d'un mois sur l'autre, sans raison identifiée, la courbe des ventes diminue, tout doucement, mais inexorablement. Ou encore, les ventes s'effondrent brutalement, sans le moindre signe avant-coureur.

Chaque fois que j'ai eu à en connaître, les réactions observées face à cette situation ont été à quelques détails près voisines.
D'abord vient le double diagnostic : les commerciaux ne savent pas – ou ne savent plus – vendre (ils n'ont pas les bons contacts, à haut niveau, ils ne savent pas expliquer la stratégie de l'entreprise aux clients, leur argumentaire est indigent, ils étaient acceptables tant qu'on vendait des produits, mais, maintenant qu'on vend des solutions, ils ne savent plus faire, etc.) ; les commerciaux ne se battent pas suffisamment (ils se sont amollis, ils ne sont pas assez agressifs, ils ne défendent pas leur offre, ils ne font pas suffisamment de visites, ils lâchent trop vite face à la concurrence…).

Très vite, ensuite, on propose deux remèdes incontournables : *primo* il faut former la force de vente à la nouvelle façon de vendre, et aux nouveaux produits que manifestement elle n'assimile pas, *secundo* il faut élaborer d'urgence un programme de motivation des forces de vente… et tout rentrera dans l'ordre, et nous pourrons de nouveau nous intéresser aux choses sérieuses.

Mon propos, dans ce chapitre, n'est pas de revenir sur ce que j'ai déjà affirmé, avec, je le concède, pas toujours le tact qu'il aurait fallu, ni l'objectivité nécessaire, à savoir qu'une force de vente vend quand elle a quelque chose à vendre, à des clients intéressés un tant soit peu par la dite chose, et quand sa position concurrentielle est raisonnable.

Considérez que vos commerciaux ne marchent pas sur l'eau, qu'ils sont d'honnêtes tâcherons, ni plus ni moins : si on leur donne de bons outils, de bons produits, et s'ils se sentent à l'aise dans leur costume-cravate, ils y arriveront.

Et permettez-moi, une fois n'est pas coutume, de théoriser un tantinet sur la motivation, en faisant appel, pour appuyer mes propos, aux lumières d'un sociologue américain, spécialiste de l'organisation du travail, Frederick Herzberg [99], puis de vous narrer une expérience toute personnelle.

Les facteurs de motivation, d'après Frederick Herzberg

Dans son analyse de la motivation des hommes au travail dans un milieu industriel, développée dans les années 50/60, Herzberg détermine deux types d'influences : les facteurs *d'hygiène* – aujourd'hui on dirait facteurs de *contexte*, terme moins « chargé » des effluves des masses laborieuses et transpirantes – et les facteurs *motivateurs*, ou facteurs de *contenu*.

Pour Herzberg les facteurs *d'hygiène* ont une influence *négative* : alors que leur présence n'apporte pas de satisfaction durable pour celui qui en bénéficie, leur absence se manifeste par une insatisfaction plus ou moins intense, selon le facteur d'hygiène considéré. Pour reprendre une expression populaire, ce qui fait que le travailleur est plus ou moins « mal dans sa peau. »
Les facteurs *motivateurs*, vous l'aurez deviné, sont *positifs* : ne pas les appliquer n'induit pas de frustration particulière pour le travailleur, en tenir compte contribue fortement à sa motivation.

Pour simplifier, les facteurs d'hygiène constituent l'attente minimum du salarié vis-à-vis de son employeur, les facteurs de motivation sont interprétés par le salarié comme un signe de reconnaissance auquel il est d'autant plus sensible que *le signe lui apparaît fort et clair.*

---

99. Si vous êtes consommateur d'ouvrages de motivation, vous apprécierez d'échapper à la sempiternelle « pyramide de Maslow ». Soyons tout de même honnête, Herzberg est dans la mouvance de Maslow.

Le double intérêt de l'analyse d'Herzberg est d'une part qu'elle donne rétrospectivement un grand coup de pied dans la fourmilière de quelques idées reçues en la matière, et d'autre part qu'elle sied comme un gant à une réflexion étendue à la motivation des commerciaux.

Les facteurs d'hygiène

Parmi les facteurs *d'hygiène* qu'Herzberg décline, vous trouverez sans surprise la *sécurité* et les *conditions de travail, l'équilibre* entre vie professionnelle et vie personnelle, *l'ambiance* dans l'entreprise, et plus précisément les *relations* avec les collègues, les collaborateurs, la hiérarchie. Jusque-là, pas de grosse surprise.

Où Herzberg interpelle, c'est lorsque il inclut dans ces facteurs d'hygiène, donc sans réel « effet + », *la politique de l'entreprise,* et *la compétence de la hiérarchie,* que, manager vous-même, et sensible à ces rubriques, vous auriez probablement eu tendance à situer en bonne place sur la grille des facteurs de motivation. Hé bien non, pour Herzberg, *un bon management et une stratégie claire sont vus par les salariés comme allant de soi.* Des chefs compétents, une stratégie performante, c'est un peu plus que de la satisfaction de besoins primaires, mais guère plus ; les managers le doivent à leurs salariés, pas de quoi bomber le torse !

Encore plus fort, Herzberg fait figurer en bonne place dans les facteurs d'hygiène le *standing personnel* et la *rémunération* du salarié, lesquels ne constitueraient pas, selon lui, la « carotte » que l'on croit. Clairement énoncé, l'argent et ce qui s'y rapporte seraient considérés par le salarié comme la contrepartie naturelle de son travail et de son talent. Votre salarié sera très mécontent s'il estime que vous ne le payez pas assez, mais il n'ira pas jusqu'à vous sauter au cou si vous le payez trop.

Les facteurs motivateurs

En ce qui concerne les facteurs de *motivation,* et par ordre croissant d'intérêt, l'homme puisera une satisfaction durable dans son *accomplissement personnel et professionnel,* dans les *responsabilités* qu'on lui confie, dans le contenu des tâches qu'il accomplit, et, en point d'orgue, dans la *reconnaissance* qu'on lui témoigne lorsqu'il atteint des *objectifs ambitieux.*

Un détail qui a son importance : *les facteurs de motivation ne trouvent leur pleine efficacité qu'une fois les facteurs d'hygiène satisfaits.*
Autrement dit, vous dépenserez en pure perte des sommes colossales en programmes de motivation de vos troupes si votre entreprise ne leur propose pas un projet clair, si vos directeurs manquent de leadership, si vous ne manifestez aucun intérêt aux conditions de travail dans les locaux [100], si votre grille de rémunération est établie au petit bonheur la chance, etc, etc.

---

100. Et à la corrélation subtile entre hiérarchie, espace et situation.

Avez-vous lu ce qui précède avec suffisamment d'attention ? Si un doute subsiste, je vous conseille de recommencer, vous ne perdrez pas votre temps, et encore moins l'argent de votre entreprise !

J'avais très envie de mettre ici le point final au chapitre « motivation », tant il le semble qu'Herzberg ait tout exprimé de ce que je souhaitais aborder dans ce livre (du moins par rapport à l'optique que nous avons retenue – je n'ai, je le précise encore, aucune ambition dans le domaine de la sociologie des entreprises) !

À la réflexion, je me suis dit que je pouvais aussi bien en profiter pour vous faire part de deux ou trois choses que j'ai apprises par ci, par là, au cas où...

Un exemple d'entreprise motivée, pour pas cher, et pourtant bigrement performante

L'entreprise, pour laquelle j'ai travaillé, et dans laquelle j'ai constaté le plus de motivation chez les employés, à quelque niveau qu'ils aient été situés dans la fameuse grille des qualifications et des rémunérations, ne m'a pourtant jamais offert de voyage ou de cadeau récompensant mon activité, n'a jamais proposé de « challenge » (j'aurais par goût personnel préféré utiliser le mot français « défi », mais on m'a fait remarquer que défi donnait moins le sentiment de challenge que challenge, que challenger – bien que commettre un barbarisme accepté par le Larousse – avait nettement plus de gueule que défier, bon, je me suis donc incliné pour ne pas avoir l'air de donner la leçon à certains dirigeants d'entreprises qui se croient obligés d'utiliser le terme chaque fois qu'ils pensent devoir parler à leurs troupes pour les galvaniser).

Cette entreprise n'a jamais non plus affiché dans les couloirs le tableau d'honneur du mérite ou de la productivité, ni concocté des « incentifs [101] » ébouriffants.
Enfin, comble du passéisme, elle n'a jamais monté de coûteux pro-

---

101. Encore un mot barbare dérivé de l'Anglais *incentive*, qui signifie excitant, stimulant, et qui se justifie très bien chez les Anglais, tant ils en ont besoin pour réveiller leur fausse morgue et leur vraie apathie, mais que vient-il faire chez nous, je vous le demande !

gramme de motivation des employés, et encore moins des commerciaux. Qu'est-ce qu'elle était ringarde, n'est-il pas vrai! C'est pourtant de NOKIA qu'il s'agit!

Qu'y avait-il chez NOKIA, qu'il y a probablement encore, mais je ne l'affirmerai pas, ne faisant plus moi-même partie de ses effectifs, qui a mené l'entreprise aux sommets que vous savez (du moins à l'instant précis où j'écris ces lignes – pour le futur, je ne m'aventurerai pas, les choses vont trop vite pour la nouvelle économie)?

Je vais essayer de répondre, en soulignant que les exemples que je donne, pour les avoir vécus, avaient leur équivalent à tous les niveaux de l'entreprise :

Un état d'esprit

NOKIA est une entreprise finlandaise.

Ça n'a l'air de rien, mais la Finlande est un pays d'un peu plus de 5 millions d'âmes, dont les habitants, phénomène rarissime, ne croient pas, bien qu'ils affirment que le Père Noël est Lapon, être au centre de l'univers. La conséquence première de cette extravagance, c'est que les Finlandais, dans leur grande modestie, n'éprouvent pas le besoin de donner des leçons à la terre entière, et ne sont pas convaincus que ce qui est bon pour eux est forcément bon pour tout le monde.

En termes économiques, cet état d'esprit se traduit par des entreprises dynamiques et exportatrices, préférant concevoir les produits et services qui leur ouvriront le plus de marchés, plutôt que des produits et services qui ne seraient précisément et exactement adaptés qu'aux désirs profonds et ataviques des seuls Finlandais.

Une entreprise finlandaise est donc, avant toute autre analyse, constituée de gens ouverts. Quand vous travaillez pour elle, et que vous n'êtes pas Finlandais, on ne vous prend pas de haut, on ne vous impose pas un point de vue. Au contraire, on prend le temps de vous expliquer ce qu'on veut faire, de s'assurer que vous avez compris – si vous comprenez, le projet est clair; si vous ne comprenez pas, ce n'est pas à priori que vous êtes un étranger stupide, c'est peut-être que le projet n'est pas bon –. On sollicite votre avis, largement, régulièrement, sans ostentation, mais sans complexe d'infériorité non plus, n'exagérons pas dans l'autre sens.

De vos avis, de vos suggestions, *on en tiendra compte.*

Quand vous êtes un salarié NOKIA, on vous *reconnaît,* on prend votre contribution en considération.

Rien que cela, comme facteur de motivation, il y a nettement pire!

De la confiance

Chez NOKIA, chacun prenait naturellement les décisions qui étaient attachées à son poste. Aussi abruptement exprimée, cette constatation semble relever du simple bon sens, on pourrait facilement passer à autre chose sans y attacher la moindre importance.

Et pourtant ! Mesurez-vous que cela signifie que la grande majorité des décisions ne faisait intervenir qu'un seul niveau de responsabilités !

Je ne suis sans doute pas encore assez clair, aussi prenons un exemple.

Nous sommes en janvier de l'année 199x, je suis chez le client « Untel », j'accompagne le commercial chargé du compte. En face de nous le directeur des systèmes d'information (DSI, pour plus de commodité). Nous négocions la campagne d'équipement de l'année en serveurs et postes de travail. Cela fait trois ans que nous travaillons ensemble, en toute confiance.

Le DSI nous communique le budget dont il dispose, et le nombre d'équipements qu'il lui faut. Il précise que si nous arrivons à un terrain d'entente, il ne fera pas pour cette fois appel à la concurrence, ce que je prends comme une grande marque de confiance de sa part. Il est pressé, il part en vacances, il souhaiterait prendre une décision tout de suite pour être débarrassé.

De son bureau j'improvise une conférence téléphonique avec Helsinki. À l'autre bout du fil j'ai la chance de tomber sur le responsable du marketing NOKIA, que je connais. Il fait appeler son adjoint pour les achats en OEM [102]. Le client, de son côté a invité son responsable technique à nous rejoindre.

En à peu près une heure, nous allons définir ensemble, pour le budget donné, des configurations de micro-ordinateurs et de logiciels.

À la fin de l'entretien, le client nous donne son accord sur la proposition que nous avons élaborée ensemble, et nous partons avec une lettre de commande de plusieurs dizaines de millions de francs.

L'histoire est vraie. Cela s'est passé en tous points comme je le décris.

Eh bien, malgré le montant du contrat, aussi bien le responsable marketing à Helsinki que moi-même à Paris n'avons eu besoin d'aucune autorisation de quiconque chez NOKIA. Nous n'avons même pas eu à échanger des courriers de « confirmation-parapluie ». À aucun moment il n'est venu à l'esprit de l'un ou de l'autre qu'il fallait se couvrir contre un risque quelconque de mauvaise interprétation, de mauvaise foi ou de je ne sais quoi d'autre. À aucun moment non plus ne nous a effleuré l'idée que nos patrons pourraient considérer que nous n'avions pas respecté notre délégation, ou qu'ils critiqueraient la marge de l'opération, ou qu'ils s'ingénieraient à nous chercher d'autres poux dans la tête ! Nous savions ce que nous faisions, et nous disposions de tous les éléments nécessaires pour prendre les décisions qui nous incombaient.

Cela aussi, comme facteur de motivation, ce n'est pas mal.

---

102. Original Equipment Manufacturers, les fournisseurs d'équipements de base, mémoires, disques, cartes électroniques...

Je ne vous raconterai pas ce qui se serait passé dans d'autres entreprises de ma connaissance. Ce qui est certain, c'est que ça ne se serait pas passé comme cela du tout, que de toute façon il n'y aurait eu aucune chance d'en arriver à ce stade de confiance avec un client. D'ailleurs ces entreprises ne brillent ni par la motivation de leurs personnels, ni par leurs résultats, et ce ne sont pas elles qui dépensent le moins en programmes de motivation et en rémunération des commerciaux !

De l'autonomie

Revenons un moment à la classification d'Herzberg.

Vous conviendrez qu'une entreprise qui vous propose une stratégie que les employés et que les clients comprennent et valident, qui tient compte de vos avis, et qui vous fait confiance, incite chaque collaborateur à se donner, plus qu'à accepter, des objectifs ambitieux.

> Chez NOKIA, comme partout ailleurs, chaque responsable de département établissait chaque année son budget, dans lequel il proposait ses objectifs. Mais, comme quasiment nulle part ailleurs, ces objectifs, aussi incroyable que cela puisse paraître, étaient la plupart du temps acceptés tels quels par la « maison mère » [103] !

Le résultat, c'est que vous vous sentez beaucoup plus dans l'obligation de réussir un objectif que vous vous êtes fixé sans contrainte que de seulement approcher un objectif qu'on vous aura systématiquement retoqué, parce que, dans la maison, c'est le système « Monsieur + » qui prévaut [104].

En plus, dans le rapport à l'entreprise qui s'installe lorsque celle-ci vous fait confiance, vous vous prenez au jeu. Non seulement la marge de manœuvre supposée amortir le « retoquage » systématique venu d'en haut n'a plus de raison d'être, et vous ne vous donnerez par conséquent aucune marge, mais, en plus, sensible à la confiance que l'on vous témoigne, vous vous fixerez bientôt des objectifs plus élevés que s'ils vous étaient imposés.

Quant à la compétence de la hiérarchie, autre élément de la classification d'Herzberg tellement propice à mon propos, je vous livre un

---

103. J'attire votre attention sur ce fait : je n'avais jamais vécu cela avant, et je ne l'ai plus jamais vécu depuis, élaborer un budget qui soit accepté tel quel !
104. Chapitre 2 – des objectifs clairs et raisonnables.

double constat que vous méditerez, j'en suis certain : le premier, statistique, moins vous portez de hiérarchie sur le dos, moins vous risquez d'avoir à supporter des gens incompétents. Le second, pratique, l'incompétence se nourrit de l'irresponsabilité. Là où les gens sont responsables, l'incompétence ne prospère pas [105] !

Enfin, je vous laisse juge de l'effet produit par l'organisation que je viens de décrire sur les commerciaux, thème essentiel du livre : imaginez leur *confiance*, leur *motivation*, leur *implication*, quand ils constatent que leur chef direct est suffisamment près des décisions stratégiques de l'entreprise pour leur permettre, *à eux,* collaborateurs directs, d'influer directement [106] sur sa marche !

De l'utilité des programmes de motivation

Donc, quand vous travaillez dans une entreprise où chacun, à son niveau, se sent reconnu, apprécié, au sens littéral du terme, où vous éprouvez le sentiment de participer activement à un « projet d'entreprise », (aussi galvaudé que soit le terme, il exprime en l'occurrence une réalité), un phénomène curieux se produit :

Les clients, peu à peu, entrent dans le jeu. Ils se mettent à arborer vos couleurs avec une certaine fierté.

D'un seul coup, tout devient facile : ***l'entreprise a imposé sa « marque ».*** Quand vous en êtes à ce stade, plus rien ne se perd. L'entreprise avance sur son petit nuage rose. C'est comme quand vous avez la baraka à la roulette : vous pouvez jeter au hasard vos jetons sur le tapis, ce sont vos numéros qui sortiront.

Paradoxalement, c'est le moment le plus dangereux pour votre organisation commerciale et pour votre entreprise, quand tout devient trop facile.

C'est quand ils ne prospectent plus parce que les clients viennent naturellement à eux, quand ils ne font plus l'effort de décrocher des affaires compliquées parce qu'ils ont largement de quoi faire en portefeuille, quand ils deviennent condescendants vis-à-vis de leurs concurrents, que les commerciaux mettent votre entreprise en

---

105. L'empowerment, encore un mot nouveau pour une notion vieille comme le monde.

106. J'ai repris 3 fois dans cette phrase le mot · direct ·, volontairement. À rapprocher de · démocratie directe ·, les mêmes causes produisant les mêmes effets.

danger[107]. Que la situation générale devienne moins propice, que vos produits d'un seul coup ne soient plus tout à fait adaptés, que vos concurrents se réveillent, et vos commerciaux amollis n'auront pas anticipé et ne sauront plus se battre.

C'est à ce moment-là, précisément, quand tout va trop bien, qu'il faut impérieusement mettre en place un programme de vigilance, et, accessoirement, une politique de motivation !

Étonnant, n'est-ce pas ?
Pas tant que cela !

Réfléchissons : quand ça devient trop facile, on oublie vite de faire attention à respecter les équilibres, on ne préjuge plus de l'urgence d'établir un traitement équitable pour tous, puisque tout le monde va gagner largement sa vie, on va par mollesse et facilité laisser se constituer des baronnies, des chasses gardées, les fameux sénateurs dont j'ai parlé plus haut. On ne fera plus la place aux nouveaux entrants, au contraire, on leur confiera des territoires laissés pour compte, pour une rémunération sans doute correcte par rapport au marché, mais chiche en regard de celle des nantis…

On ne recherchera plus non plus l'adhésion du personnel, pourquoi faire alors que chaque décision se transforme en or pur. Et à quoi bon reconnaître en particulier tel ou tel mérite, quand tout le monde réussit facilement ?

C'est oublier un peu vite que les facteurs d'insatisfaction ou de motivation sont très relatifs. Tenez, trouvez-vous concevable qu'un héritier Rothschild se soit suicidé à moins de 40 ans pour ne pas avoir été choisi pour diriger telle société familiale, quand sa fortune personnelle semblait lui autoriser tous les rêves ? Pourtant, il l'a fait.

De même, *dans une entreprise qui marche très fort, on peut rencontrer autant de facteurs d'insatisfaction et de démotivation que dans une entreprise qui marche très mal.* Seulement, dans la première, on dispose des moyens pour rétablir la situation, et on serait impardonnable de ne pas le faire.

---

107. Sparte s'obligeait à rester « performante », dirions nous maintenant, en laissant d'autres villes devenir suffisamment puissantes pour lui faire concurrence.

C'est donc quand ça va très, très bien qu'il faut serrer les boulons, que la rémunération, les objectifs et les territoires doivent être élaborés avec le plus de rigueur, qu'il faut redonner de l'ambition aux commerciaux en leur proposant de nouveaux défis. Oui, à ce moment-là, on peut se servir des incentifs pour *redonner du sens* à l'action commerciale, et resserrer la cohésion du dispositif.

Dans ce contexte, l'efficacité n'est pas en rapport avec le budget consacré. Ce qui compte, c'est que l'on privilégie des incentifs qui mettent en avant l'esprit d'équipe, qu'ils soient accessibles à une large majorité de commerciaux, et qu'ils provoquent une saine émulation.

Pour ce qu'il faut mettre dedans, les méthodes, l'organisation, il existe suffisamment de fournisseurs spécialisés, du conseil, de la littérature... pour que je n'aille pas plus loin.

Encore un conseil, toutefois : n'institutionnalisez pas l'incentif. Sinon, votre incentif sera attendu chaque année à la même époque, vos « sénateurs » en auront vite compris le mécanisme, quelqu'effort d'imagination que vous fassiez, ils s'arrangeront pour se l'approprier à leur seul bénéfice, et vous aurez dépensé beaucoup d'argent pour rien.

L'essentiel, pour moi... et peut-être pour vous aussi

Postulat personnel : le manque de motivation n'est jamais la *cause* de mauvais résultats commerciaux, mais leur *conséquence*.

Pour Frederick Herzberg, sociologue américain, le comportement humain obéit à deux types de facteurs, d'hygiène (négatifs), et de motivation (positifs). *Il n'est pas de motivation possible tant que les facteurs d'hygiène ne sont pas satisfaits.*
Rapporté au commercial, en voici les principaux enseignements.

1 – Un commercial *n*'obtient de résultats *que* si :
– Il se sent proche de la Direction de l'entreprise, il en comprend la stratégie : il sait faire passer le message aux clients.
– Sa hiérarchie est compétente, le comprend, l'aide, ou, tout du moins, ne l'enferme pas dans un carcan d'obligations qui lui rendent plus difficile la vie dans l'entreprise que chez les clients.
– L'entreprise se montre équitable : elle lui confie des territoires exploitables, et des objectifs réalisables, correspondant au potentiel du territoire. Elle le rémunère pour son travail et pour sa réussite, *dans les mêmes conditions que ses collègues de niveau comparable.*
– L'entreprise propose une bonne ambiance de travail, et veille à ce que les relations hiérarchiques et entre services soient *franches, cordiales et efficaces.*

2 – Un commercial se sent *motivé* à persister dans l'effort quand :
– Les conditions du 1 sont correctement remplies.
– L'entreprise lui permet de s'accomplir sur un plan personnel et professionnel : elle lui propose des formations de culture générale et pas seulement liées à la compréhension de produits, lui confie régulièrement de nouvelles responsabilités, des comptes plus importants, le management d'équipes...
– Elle veille à enrichir en permanence le contenu des tâches : en mettant par exemple à disposition les nouvelles technologies, pour l'aider et lui faire gagner du temps, pas seulement pour économiser du secrétariat.
– Elle *reconnaît* le commercial lorsqu'il atteint des objectifs ambitieux.

...

...

3 – Que penser des programmes dits « de motivation » ?

– La plupart des programmes de motivation s'adressent à des populations plus larges que la population commerciale. Ils corrigent en réalité les facteurs de « non-motivation » des collaborateurs de l'entreprise :

Les soirées informelles, très prisées dans les Start-Up, pour créer une ambiance sympathique, consolider les relations entre collègues, et se faire pardonner les horaires à rallonge et les rémunérations rabougries.

Les kick-off et autres réunions de lancement, pour faire adhérer après coup à une stratégie imposée.

– D'autres programmes sont montés en regard d'objectifs spécifiés, pendant une période donnée. Ce sont les « incentifs », primes diverses, points cadeaux, voyages, que les commerciaux adorent lorsqu'ils en bénéficient, détestent lorsqu'ils passent à côté.

Ces programmes sont efficaces lorsqu'ils valorisent les meilleurs (le traditionnel voyage du « Club 100 », où se retrouvent les commerciaux qui ont réussi 100 % de leurs objectifs, et pas nécessairement ceux qui ont réussi le plus gros chiffre d'affaires), ou lorsqu'il s'agit de demander un effort supplémentaire à une force commerciale « bien dans ses baskets » et dans ses résultats (voir résumé du chapitre précédent, lorsque tout réussit à une force commerciale).

Ils sont sans grand intérêt lorsqu'ils se veulent le dernier recours d'une entreprise qui n'a plus rien à vendre, ou qui n'a plus de vrais vendeurs.

Postface

Et le E-Business, dans tout ça ?

Quand je me suis mis à réfléchir à ce livre, mon objectif était de parler des organisations commerciales directes, ce qui me paraissait déjà plus que suffisant.

Et puis, insidieusement, les jours passant et moi transpirant sur mon traitement de texte, j'ai commencé à ressentir les affres du syndrome internet : je ne pouvais pas ne pas en parler!

Depuis, le soufflé des · valeurs · Internet est sérieusement retombé. Des analystes lucides, – les mêmes qui recommandaient naguère l'achat de titres dont la capitalisation boursière atteignait pourtant 1000, voire 10 000 fois le chiffre d'affaires, et les pertes des profondeurs abyssales [108], pour reprendre les termes employés à l'unisson par l'ensemble des commentateurs –, des analystes lucides, donc, se sont mis à douter (vous aurez remarqué que c'était après que les actions Internet se soient mises à plonger) : et si les ratios utilisés pour l'ancienne économie, la ringarde, celle qui fait des bénéfices, qui croît de quelques % par an en améliorant gentiment sa rentabilité, si ces ratios, dis-je, étaient finalement applicables à la nouvelle économie, la moderne, celle qui ne fait pas de bénéfice, qui n'est pas près d'en faire, qui prend des parts de marché à tout va en achetant très cher des clients qui ne leur font pas gagner d'argent, et qui, comble de l'ironie, et si on s'en réfère aux études récentes, ne leur seraient pas même fidèles [109]?

Et voilà que nous sommes passés aussi brutalement d'un extrême à l'autre. Deux exemples. Au printemps 2000, Vivendi annonce-t-elle une fusion · porteuse de sens · avec Seagram, qui en fait le deuxième groupe de Communication au Monde? C'est de la nouvelle économie, méfiance immédiate, l'action Vivendi dégringole. Beaucoup plus tard, janvier 2001, France Télécom introduit Orange en bourse, mais les investisseurs n'en veulent pas. Le prix d'introduction est revu plusieurs fois à la baisse, (les analystes parlent

---

108. Les pertes atteignent toujours des profondeurs abyssales. Cliché journalistico-économique dont il n'y a aucune raison que je prive le lecteur.
109. J'ai lu une statistique selon laquelle 60 % des sites marchands n'étaient visités qu'une seule fois, et encore, sans commande assurée.

de braderie plus que de manque à gagner pour France Télécom) et pourtant il est enfoncé dès les premières cotations. Les valeurs NTIC qui ont perdu 90 % de leur valeur en moins d'un an ne se comptent plus.

Les sociétés de l'ancienne économie, qui début 2000 s'étaient mises à faire de la réclame autour de leurs développements Internet, et à essayer de nous faire croire, forcées par les circonstances, il est vrai, et mortifiées qu'on ne s'intéresse plus à elles, qu'Internet allait se retrouver au cœur de leur stratégie et que grâce au E-Business elles allaient « x-upler » leurs résultats (je laisse à votre initiative de remplacer « x » par « quint », « déc », « cent »,... tous les cas de figure ont été évoqués dans leurs annonces de presse), se sont rendu compte qu'elles sombraient dans le ridicule et qu'elles feraient mieux de continuer à communiquer sur leur valeur ajoutée réelle.
Et les actions de l'ancienne économie, négligées jusque-là, de remonter.

Tout cela pour dire qu'on s'est peut être un peu emballés sur les vertus commerciales d'Internet. Que certains aient gagné beaucoup d'argent en montant des affaires sur Internet (et en les revendant à temps), certes, qu'Internet soit un relais de croissance, c'est évident, mais qu'Internet change les données économiques et commerciales du monde « moderne », cela reste à mon avis à démontrer.

Essayons de voir ce qu'on peut d'ores et déjà en penser, au plan des organisations commerciales, et tentons de répondre à la question qui vous brûle les lèvres : « Avec Internet, est-ce que je vais pouvoir vendre plus, beaucoup plus, sans augmenter mes coûts commerciaux, ou, au pire, vendre au moins autant en diminuant lesdits coûts? ».

Certes les nouvelles technologies facilitent et faciliteront de plus en plus l'acte d'achat par le client, en particulier par le « client centrale d'achat », et pas nécessairement l'acte de vente par le producteur. Mais j'y regarderai à deux fois avant de m'avancer sur les apports prévisibles d'Internet en la matière.

Que les circuits de distribution dans le « business to consumers » et par conséquent les comportements des consommateurs se trouvent modifiés par la généralisation de sites marchands Internet, c'est indéniable [110].

---

110. Encore que, une étude récente du Gartner Group, semble mettre un bémol à cette affirmation. Les internautes se documenteraient sur Internet, pour finir par acheter dans des boutiques. L'achat de livres sur Internet, d'après Amazon, ne devrait pas représenter plus de 1 % du marché du livre dans les 5 ans.

Quant à affirmer aujourd'hui que la technologie Internet exercera une influence spécifique profonde sur le « business to business », qu'elle suscitera une révolution dans les rapports de pouvoir entre les acteurs de la chaîne économique et enfin qu'elle provoquera une explosion du chiffre d'affaires marchand global, c'est peut-être aller un peu vite en besogne.

Le consommateur internaute

Situons-nous pour un temps du simple point de vue du consommateur-internaute, que nous avons déjà évoqué.

La micro-informatique touche certes de plus en plus de foyers, mais nous sommes encore loin d'une utilisation courante. Simplifions cependant, et faisons comme si l'outil était totalement généralisé… Vous êtes consommateur, qu'allez-vous acheter par Internet?

Considérons tout d'abord deux faits établis :

Le premier : aujourd'hui, à l'exception des sites « X », très rentables, et de certains sites marchands qui ont par ailleurs pignon sur rue et pour lesquels Internet est un incomparable vecteur d'accès à leur offre (essentiellement voyages et tourisme), tous les autres perdent beaucoup d'argent[111]. Les sites les plus crédibles (Grande Distribution en particulier) annoncent le point d'équilibre au mieux fin 2002, plus vraisemblablement fin 2003, ou 2004.

Le second : le « B to C », sauf commandes de renouvellement, en plus d'être condamné à trouver des clients qui acceptent d'acheter sans voir en 3D, sans sentir, sans goûter et sans toucher, doit surmonter un handicap logistique très sérieux :

Aujourd'hui, les infrastructures, en France et ailleurs, ne seraient absolument pas compatibles avec une multiplication des besoins en livraison de marchandises aux particuliers. Le principal acteur dans ce domaine, la Poste, à beau investir à tour de bras dans la mise en place des infrastructures nécessaires, en achetant des sociétés de messagerie en France et partout dans le monde, elle n'est pas encore et pour un certain temps en mesure d'absorber une augmentation

---

111. Sur les 20 sites marchands les plus actifs en 1999 en France, 11 concernent le tourisme, 4 la Grande distribution et la VPC, et 3 les livres et disques (source benchmark Group).

trop importante du trafic de colis, tout simplement parce que les véhicules et les circuits de routage et de stockage ne sont pas dimensionnés pour cela.

Et elle n'a pas non plus résolu le problème N° 1 de la livraison aux particuliers : les clients veulent, c'est tout l'intérêt d'Internet, être livrés, et non pas avoir à se rendre à une agence postale pour récupérer leur colis, d'autant plus que les agences ne sont pas équipées pour proposer un service spécifique et rapide. Si on considère qu'il faut livrer en dehors des heures ouvrables, mais pas en pleine nuit, pas très tôt le matin, pas le week-end, le créneau de livraison aux particuliers est par conséquent très réduit, et en plus, pour arranger les choses dans les villes, il correspond aux heures de pointe du trafic automobile.

Ces contraintes renchérissent bien entendu sur les coûts de transport, ce qui limite l'intérêt d'achat sur Internet pour le consommateur, mais pour le vendeur aussi, s'il doit s'aligner sur les coûts de distribution classique, sans que l'impact du transport puisse être amorti par le montant global de l'achat.

Ajoutons à ces charges, pour les entreprises « B to C » de type grande surface virtuelle, le coût très important de la préparation et de la manutention des commandes, puisqu'il faut que quelqu'un remplisse le caddy, qui n'est pas virtuel, lui[112].

Toutes ces raisons expliquent cela : les sites marchands qui marchent sont ceux qui proposent soit des services qui ne requièrent pas de livraison physique (tourisme), soit des produits qui ne sont pas concurrencés par la distribution classique (le X) et qui autorisent à facturer copieusement le transport. Ceux qui devraient devenir rapidement rentables offrent soit des produits peu volumineux pour un prix relativement élevé (produits culturels, disques, livres), soit un gros paquet, mais une facture en conséquence (VPC, grande distribution) qui permet d'amortir le coût du transport[113]...

---

112. Avril 2001, faillite spectaculaire aux USA du supermarché en ligne KOZMO – 280 M$ de perte. Pourtant kozmo avait réduit ses coûts au minimum (jusqu'aux livreurs qui fournissaient leur véhicule et même leurs rollers). Mais Kozmo s'était engagé à livrer en moins d'une heure, dans 11 grandes villes! Diagnostic officiel : le montant moyen du caddy était trop faible pour amortir les coûts de livraison.

113. Et encore, à condition que les coûts d'acquisition de leurs marchés n'aient pas définitivement obéré tout espoir de rentabilité.

Un point commun à ces sites : le consommateur doit avoir une idée relativement précise de ce qu'il achète, le produit doit donc être relativement connu, standardisé ou démontrable, et ne pas perdre à être proposé sur Internet plutôt que par un circuit traditionnel. C'est le cas du tourisme, par exemple, qui y gagnerait plutôt.

Tout ceci posé, cela ne signifie pas que tous ceux qui respectent ces critères gagnent de l'argent, alors, les sites qui n'entrent pas dans ces catégories, je vous laisse évaluer leurs chances !

Est-il nécessaire d'ajouter à la démonstration que le consommateur moyen n'est probablement pas disposé à passer le temps qu'il aurait gagné en ne se déplaçant pas dans les magasins, à « naviguer sur le Web » pour trouver les sites qui lui permettraient d'acheter directement aux producteurs les produits de consommation courante qu'il trouvera regroupés, facilement accessibles et finalement moins cher sur un site spécialiste de la distribution.

Et qui est le plus à même de mettre en œuvre de tels sites ? Les grands de la distribution, avec leurs centrales d'achat, leur logistique et leur puissance financière, naturellement ! L'ère du producteur maître du marché n'est pas près de revenir.

Et encore, pour être charitable, je ne me suis pas étendu sur les problèmes de service après-vente auxquels font face les audacieux internautes acheteurs de produits sophistiqués aux quatre coins du Monde !

L'entreprise E-Business

Adoptons maintenant le point de vue de l'entreprise.

Une bonne nouvelle pour le « B to B » : le handicap logistique du « B to C » n'en est pas un pour les entreprises, ce qui a fait dire (très récemment, toutefois) à de fins connaisseurs que l'avenir du E-Business était évidemment dans le « B to B », et pas dans le « B to C » comme l'avaient prôné d'autres connaisseurs, mais moins fins.

Une autre bonne nouvelle : les grandes entreprises achètent énormément : des matières premières, des services, des produits finis, des immeubles, du mobilier, de l'informatique, de l'énergie, des transports, des fournitures, de l'eau minérale… La liste est inépuisable. Une très grande entreprise française gère des centaines, voire des milliers de fournisseurs. Ses acheteurs cherchent à obtenir les conditions les plus favorables, et sont prêts à donner leur chance à tous les fournisseurs, donc, pourquoi pas aux entreprises du E-Business.

Mais la troisième nouvelle, elle, est à double effet, et en fin de compte plutôt négative pour le E-Business : les acheteurs des grandes entreprises ont pour règle absolue d'éliminer le risque fournisseurs des achats stratégiques [114], par un certain nombre de pratiques : s'ils veillent à maintenir des sources d'approvisionnement multiples et substituables, ce qui est favorable aux nouveaux entrants, ils s'assurent aussi régulièrement de la santé économique de leurs fournisseurs, ils établissent avec eux des cahiers des charges précis, ils mettent en place des contrôles de qualité stricts, et surtout, pour être tout à fait sûrs de leur répondant, ils tissent avec eux des relations solides et à longue échéance.
Or, ces rapports constitutifs de la relation client/fournisseur sont faits de chair et de sang.

(Tous les commerciaux grands comptes devraient garder présent ceci à l'esprit : leurs clients sont autant intéressés à augmenter le chiffre d'affaires avec eux, qu'eux-mêmes désirent augmenter leur chiffre d'affaires chez leurs clients.)

La place du E-business

Comment situer le E-business, à l'aune de ces effets contraires ?

Dans la partie amont, la prospection, c'est ce qui coûte le plus cher, qui est le plus aléatoire, le plus difficile à piloter… Pour les chefs d'entreprise, une prospection par Internet, ce n'est pas très cher, c'est facile à installer, et c'est tentant !

Voyons cela.
Vous êtes acheteur professionnel ; vous devez traiter la demande d'un de vos services.

---

114. À partir d'un certain volume d'affaires, tout fournisseur devient stratégique. À noter que, dans les projets, la gestion du risque est de mieux en mieux prise en compte.

Ce qu'essaient de nous faire croire les thuriféraires (pas toujours désintéressés) du E-Business et du CRM, c'est que votre réaction naturelle, une fois que vous serez contaminé par le virus E-Business, sera de vous précipiter sur votre PC pour aller rechercher sur le Web le fournisseur susceptible de répondre au meilleur coût[115].

Cette idée entretient en tous cas le rêve des fournisseurs qui n'ont pas les clients qu'ils voudraient, parce qu'ils n'ont pas pu, pas su ou pas voulu (la méfiance des chefs d'entreprise envers les commerciaux, ce n'est rien de le dire) constituer une force de vente performante, ou parce que leurs produits ne rencontrent pas le marché. Avant Internet, ces fournisseurs avaient crû pouvoir régler leur problème en ouvrant des magasins, en participant à des expositions, à des salons professionnels, en intervenant dans des conférences, en recourant au publipostage et au coupon réponse (que les prospects intéressants ne retournent jamais), en dépensant des fortunes en annonces publicitaires et en plaquettes institutionnelles (Dieu sait qu'il y en a, dans les caves des entreprises, de ces plaquettes!), pour faire venir à eux le client qu'ils ne savaient pas aller chercher…

Mais le phantasme du client frappant à la porte du fournisseur confortablement installé dans sa boutique, ça ne marche pas, et, j'ose le dire, ça ne marchera vraisemblablement toujours pas à échéance prévisible dans la vente aux entreprises, s'agirait-il d'une entreprise virtuelle. *Les décideurs sont tellement sollicités, par tant de canaux différents, qu'ils ne prennent qu'exceptionnellement l'initiative du contact,* lorsque leur problème est tellement particulier, tellement peu répertorié, qu'il n'y a qu'un seul fournisseur possible, qu'il faut aller chercher au diable vauvert! Lorsqu'ils ont une demande à traiter, neuf fois sur dix les acheteurs n'ont qu'à puiser dans leur fichier fournisseurs, quand ils ne reçoivent pas dans la demi-journée qui suit trois sollicitations de fournisseurs habituels qui leur épargnent aussi cette peine.

Je ne vois pas ce qui, objectivement, avec Internet, et une fois l'effet de curiosité passé, bouleverserait la donne.

Il n'y a en effet pas plus de raison pour qu'un client reçoive avec

---

115. D'après une étude Price Waterhouse Coopers, en Business to Business (un nouveau mot tente de s'imposer à la place de « B to B », le E-Procurement), 68 % des entreprises qui achètent sur le Net (ce n'est pas une majorité) continuent à traiter avec leurs fournisseurs habituels. 8 % seulement de ces entreprises sont venues sur le Net pour rechercher des économies.

plus d'intérêt une sollicitation qui lui parvient par sa messagerie que par le courrier ou par le téléphone[116].

En conséquence de quoi, à mon humble avis, les CEGOS[117] et autres cabinets de formation de vendeurs grands comptes à la prospection n'ont pas trop de souci à se faire dans un avenir prévisible. Le E-Business ne renverra pas la vente directe à la rubrique « vieux métiers artisanaux disparus ».

Internet, un outil fantastique de la relation client-fournisseur

Ceci dit, Internet est d'ores et déjà un outil fantastique et pas cher du tout de la relation client-fournisseur.

À la condition express que derrière les paillettes des sites Internet il y ait du monde pour entretenir le dialogue avec le client. C'est aussi vrai dans la vente aux particuliers que dans la vente aux entreprises. Internet permet de réaliser des quantités d'opérations qui étaient à peine envisageables auparavant, et à quel prix!

Prenons quelques exemples, qui paraissent banals aujourd'hui, mais qui sont un progrès immense pour la relation client :

Tenez, une opération aussi simple que du réassortiment. En vous connectant au site fournisseur et en vous identifiant, vous pouvez passer votre commande, guidé par ses programmes de saisie, vous aurez en ligne vos conditions particulières, vous accèderez aux stocks disponibles, vous bénéficierez éventuellement de conseils, on vous proposera d'anticiper sur la commande de produits que vous achetez habituellement et qui se trouvent en promotion, et vous pourrez pratiquement en temps réel suivre l'état de votre livraison! Si cela ne vous suffit pas, vous cliquerez sur une icône, et serez mis en relation, téléphonique pour l'instant, mais bientôt vidéo, avec un vrai interlocuteur (en attendant les robots), qui vous parlera, comme avant!

Une autre énorme opportunité offerte par Internet, le dialogue client/fournisseur, sans le dérangement ou l'inopportunité de l'appel

---

116. Les règles de bienséance s'appliquent aussi au E-Business : ce n'est pas parce que les sites des entreprises vous proposent une rubrique « contactez-nous » qu'ils s'attendent à recevoir des sollicitations incessantes de votre part. Par cette rubrique, les entreprises espèrent plutôt, avec une certaine naïveté, que ce sont de nouveaux clients qui vont se manifester, pas des fournisseurs potentiels!

117. Sans aucune publicité. Il se trouve que c'est le plus connu en France.

téléphonique ! Il vous suffit de disposer de l'adresse E-Mail de vos interlocuteurs pour leur faire parvenir régulièrement et à peu de frais des informations que vous pourrez personnaliser, et pour traiter calmement les questions qu'ils vous auront fait parvenir par ce moyen… Que de temps gagné !

Et, en complément de prospection, cette fois : un site Internet solide, inventif, professionnel, rassure. Sa visite confortera le prospect, que vous avez rencontré et qui envisage de travailler avec vous, sur la qualité prévisible de vos prestations. Ne vous faites cependant pas d'illusion : un bon site Internet ne vous vaudra pas de nouveaux clients à lui tout seul : les clients, il faut aller les chercher.

Comment diable les commerciaux pouvaient-ils faire avant Internet ?

Revenons à mon idée fixe : la raison d'être d'un commercial est de prospecter pour développer la clientèle de l'entreprise qui l'emploie. Or, nous en avons fait ensemble la constatation : quoique l'on fasse, le temps utile de vente pour un commercial se réduit comme peau de chagrin. Pour compenser, puisqu'on lui en demande toujours plus, il est donc condamné à être de plus en plus performant dans son acte de vente, face à ses clients et à ses prospects.

*Eh bien le « Net » fournit une partie de la solution à son gros problème : **la disponibilité immédiate de l'information,** qui rend le commercial « intelligent » à son client.*
Je ne vais pas vous proposer ici un énième guide d'utilisation d'Internet ; vous en trouverez à profusion dans toutes les bonnes librairies. Mais simplement signaler aux quelques réfractaires à Internet (il y en a forcément, on trouve des réfractaires à tout) la matière ô combien utile pour ses affaires que le commercial peut en extraire : par exemple, pour tout ce qu'il a raisonnablement besoin de connaître sur ses concurrents et ses clients, il n'aura qu'à consulter leurs sites, il suffit généralement de taper le nom de la société (sans accent, pour l'instant) + « .com », et vous y êtes. Pour des informations sur les marchés, les nouveautés, les tendances, la littérature de fond, quelques mots clés dans un moteur de recherche, et il accédera au sommet de l'art. S'il nourrit des doutes sur la santé financière de sa cible, plusieurs sites spécialisés se feront un plaisir de lui com-

muniquer les derniers bilans, la composition de l'actionnariat, le nom des dirigeants, les filiales, le tout assorti de commentaires critiques... Que demander de plus, d'autant que c'est gratuit.

Ces informations, il y a quelques années, aucun commercial ne prenait la peine de les rechercher avant de rencontrer un prospect. Pour une première visite, il se fiait à son expérience, à sa connaissance du milieu ambiant, à sa jugeote, et surtout à son sens de l'improvisation et du questionnement[118]. Et puis, il avait le temps... Les affaires sérieuses ne commençaient qu'après deux ou trois contacts, voire plus[119].

Aujourd'hui un commercial qui a bataillé pour obtenir un contact client, qui en obtient de moins en moins, qui dispose de moins en moins de temps pour en obtenir, n'a pas le droit d'en gâcher un seul. Il doit être parfaitement préparé, informé, prêt à saisir la moindre opportunité. Pour cela, Internet est un outil en or, et l'entreprise qui ne mettrait pas d'accès Internet à disposition de ses commerciaux, bien coupable!

Voilà, mon propos n'était pas d'énumérer tous les immenses avantages d'Internet pour l'entreprise, mais simplement d'essayer de mesurer l'influence du E-Business sur les organisations commerciales.

---

118. Dans certaines écoles de vente un peu dépassées, me semble-t-il, par l'actualité, on vous apprend encore que l'art du commercial est d'obtenir du client qu'il dévoile ses problèmes sans révéler lui-même prématurément son offre produits. Je serais assez d'accord avec cette grande idée, mais je crains que les clients ne soient pas disposés à la suivre.
119. Ces propos ne sont pas en contradiction avec tout ce que j'ai pu écrire sur le non-droit à l'erreur en visite de prospection, ou sur la nécessité de connaître un tant soit peu le métier des clients. Ce que je veux dire, c'est que la période d'observation est de plus en plus courte, et qu'il faut être efficace tout de suite.

Plutôt qu'une conclusion, quelques clés

En réponse à l'inévitable question de l'impact de la technologie sur les organisations commerciales, la réponse que je m'aventurerai à formuler, est que la technologie Internet permettra aux chefs d'entreprise d'exiger de leurs forces commerciales encore plus de productivité…, comme en leur temps l'imprimerie, la machine à vapeur, l'aéronef… le fax, la micro informatique, ou le téléphone portable.

Les réseaux de vente directe, qui ont survécu à la vente indirecte, à la VPC, à la Télévente, au Téléachat, au marketing direct, aux hypermarchés et aux galeries commerciales ne seront pas plus mis au rebut, me semble-t-il, par l'arrivée du E-Business.

Il y a cependant peu de risque à pronostiquer que les forces commerciales se déploieront différemment, selon le principe éternel des vases communicants.
Un indice : les fameuses « places de marchés » créées par des groupements d'entreprises pour mieux acheter par la Toile recrutent des… *commerciaux* pour rechercher des clients et pour interfacer les fournisseurs. Les clients, au lieu de recevoir les commerciaux des fournisseurs, transmettent leurs demandes à leurs correspondants commerciaux de la « place de marché », lesquels se tournent vers les fournisseurs potentiels que la place a sélectionnés.
Otez le « E » de Business, et je n'irais pas jusqu'à affirmer que tout cela est sans la moindre ressemblance avec les groupements d'achats. Or on sait que ces derniers ont provoqué des transferts de commerciaux, pas leur disparition, pas même la réduction de leur nombre.

Ce que j'ai souhaité montrer tout au long de cet ouvrage, c'est que, du moins jusqu'à présent, (restons prudent pour l'avenir), les fondamentaux qui régissent l'action commerciale et qui en animent les acteurs depuis des temps incertains, persistent et signent.

Autant, pour les responsables commerciaux, ne pas les perdre de vue. Ce sera tant mieux pour les commerciaux, tant mieux pour leur entreprise, et tant mieux pour leurs clients.

Pour finir, je souhaite reprendre avec vous quelques clés qui me tiennent à cœur

Sur le commercial

Quand vous êtes commercial, avant de prendre votre téléphone pour prospecter, il vaut mieux que vous laissiez votre Ego au vestiaire.

Le commercial doit être du matin pour les clients matinaux, et du soir pour les clients vespéraux.

Quels que soient les éléments qui militent en sa faveur, vous n'aurez jamais de certitude sur la valeur d'un commercial tant qu'il n'aura pas réussi à vendre « chez vous », dans votre contexte.

Pour apprendre le métier de commercial, comme pour le ski ou la bicyclette, il vaut mieux commencer jeune. Les chutes, inévitables, on s'en remet plus vite, et mieux !

La rémunération variable est considérée par le commercial non pas comme une rétribution supplémentaire mais comme partie intégrante de son salaire. La rémunération variable est la conscience professionnelle du commercial, le petit lutin qui tous les matins et tous les soirs lui dit « tu vas téléphoner à Machin, n'oublie pas de téléphoner à… ».

Tout commercial devrait avoir à l'esprit qu'entre le gagnant d'une affaire et le perdant, l'écart n'est parfois pas plus grand qu'entre le vainqueur du 100 mètres des jeux olympiques et son second. Seulement l'un a tout, il est champion, et l'autre n'a rien, il est deuxième.

Si un mauvais commercial ne devient pas pour autant bon quand il a un bon produit à vendre, un bon commercial devient à coup sûr mauvais lorsqu'il a un mauvais produit à vendre.

Qu'ils soient intrinsèquement les meilleurs, ceux qui laissent à la postérité dans leur biographie leurs trucs imparables pour subjuguer les ménagères, qu'ils représentent la meilleure marque, les meilleurs produits, le meilleur service, le meilleur rapport qualité/prix, tous les commerciaux, y compris ceux qui bénéficient par leur talent ou par la notoriété de leur entreprise d'un avantage concurrentiel énorme, perdent tout de même beaucoup plus d'affaires qu'ils n'en gagnent.

Sur la relation commerciale

Une mauvaise image du service commercial est plus difficile à remonter qu'un service après-vente défaillant.

Une entreprise dont le chiffre d'affaires dépend des commandes prises par un autre réseau commercial que le sien est vouée à disparaître, quelle que soit sa valeur ajoutée intellectuelle ou technologique, ou, formulé autrement, « ne comptez pas sur les autres pour vous rendre indispensable, il faut se rendre indispensable soi-même ».

Dans la relation commerciale, ce n'est pas parce que quelqu'un n'a pas le pouvoir de vous aider qu'il ne peut pas vous nuire.

Quoiqu'on puisse vous en dire, ce n'est pas parce que les clients sont de nature infidèle qu'ils quittent leurs fournisseurs, c'est parce que les fournisseurs ne savent pas les garder que les clients les quittent. Ce qui change en ce moment, c'est que les clients commencent à disposer des moyens de leurs infidélités !

Pour faire des affaires, il faut trouver les gens qui décident. Dans les salons professionnels, les gens qui décident sont rares. Tout ce qui est rare est cher. Les salons professionnels sont chers, les affaires y sont rares.

Les clients sont de plus en plus convaincus qu'un fournisseur ne saurait leur proposer une bonne solution s'il ne s'est pas investi un minimum dans leur métier.

Tous les commerciaux grands comptes devraient garder présente cette phrase à l'esprit : leurs clients sont autant intéressés à augmenter le chiffre d'affaires chez eux, qu'eux même désirent augmenter leur chiffre d'affaires chez leurs clients.

Une entreprise peut arriver à surmonter toutes les difficultés, sauf une : l'argent qui ne rentre pas, parce qu'il n'y a pas de commandes.

Vos propres clients vous donneront un bien meilleur retour sur votre offre et vos intentions, que des études générales ou spécifiques sur le « marché ».

Sur l'organisation

Lorsqu'on recherche en interne un directeur commercial, on est amené à commettre deux types d'erreurs : la première est de nommer le meilleur vendeur. La seconde est de ne pas nommer le meilleur vendeur.

Vous aurez noté que, lorsqu'on ne peut faire autrement que de constater qu'on a fait une grosse bêtise en abandonnant imprudemment de bonnes vieilles méthodes dont on a montré en leur temps combien elles appartenaient à un passé révolu et ringard, les mêmes ou leurs enfants spirituels n'hésitent pas à les ressusciter sans la moindre honte en les affublant d'un qualificatif anglo-saxon moderne.

Dans une organisation en râteau, ou bien vous êtes le manche, et il n'y en a qu'un, ou bien vous êtes la dent, et vous avez beaucoup plus de chances, statistiquement, de casser, que de devenir manche à votre tour.

Les idées neuves inventées par les petites entreprises, et qui coûtent cher à développer, ne peuvent être portées que par des grands groupes à gros moyens financiers. Ce sont eux, les premiers acheteurs potentiels, pas les clients finals.

Moins vous portez de hiérarchie sur le dos, moins vous risquez d'avoir à supporter des gens incompétents.
L'incompétence se nourrit de l'irr esponsabilité. Là où les gens sont responsables, l'incompétence ne prospère pas.

Sur le E-Business

Les sites marchands qui marchent le mieux sont ceux qui proposent soit des services qui ne requièrent pas de livraison physique (tourisme), soit des produits qui ne sont pas concurrencés par la distribution classique (le X) et qui autorisent par conséquent à facturer copieusement le transport, soit des produits peu volumineux pour un prix relativement élevé (disques, livres), soit des gros paquets, et une facture en conséquence (VPC, grande distribution) qui permet d'amortir le coût du transport...

Les nouvelles technologies facilitent et faciliteront de plus en plus l'acte d'achat par le client, pas l'acte de vente par le producteur.

Dépot légal : Août 2001

www.ingramcontent.com/pod-product-compliance
Lightning Source LLC
Chambersburg PA
CBHW061217220326
41599CB00025B/4672